# O DIREITO ADMINISTRATIVO E A SUA JUSTIÇA NO INÍCIO DO SÉCULO XXI

ALGUMAS QUESTÕES

LUÍS FILIPE COLAÇO ANTUNES

# O DIREITO ADMINISTRATIVO E A SUA JUSTIÇA NO INÍCIO DO SÉCULO XXI

ALGUMAS QUESTÕES

ALMEDINA

| | |
|---|---|
| *TÍTULO:* | O DIREITO ADMINISTRATIVO E A SUA JUSTIÇA NO INÍCIO DO SÉCULO XXI |
| *AUTOR:* | LUÍS FILIPE COLAÇO ANTUNES |
| *EDITOR:* | LIVRARIA ALMEDINA – COIMBRA<br>www.almedina.net |
| *DISTRIBUIDORES:* | LIVRARIA ALMEDINA<br>ARCO DE ALMEDINA, 15<br>TELEF. 239 851900<br>FAX 239 851901<br>3004-509 COIMBRA – PORTUGAL<br><br>LIVRARIA ALMEDINA – PORTO<br>RUA DE CEUTA, 79<br>TELEF. 22 2059773<br>FAX 22 2039497<br>4050-191 PORTO – PORTUGAL<br><br>EDIÇÕES GLOBO, LDA.<br>RUA S. FILIPE NERY, 37-A (AO RATO)<br>TELEF. 21 3857619<br>FAX 21 3844661<br>1250-225 LISBOA – PORTUGAL<br><br>LIVRARIA ALMEDINA<br>ATRIUM SALDANHA<br>LOJA 31<br>PRAÇA DUQUE DE SALDANHA, 1<br>TELEF. 21 3712690<br>atrium@almedina.net |
| *EXECUÇÃO GRÁFICA:* | G.C. – GRÁFICA DE COIMBRA, LDA.<br>PALHEIRA – ASSAFARGE<br>3001-453 COIMBRA<br>Email: producao@graficadecoimbra.pt<br><br>MAIO, 2001 |
| *DEPÓSITO LEGAL:* | 165101/01 |

Toda a reprodução desta obra, por fotocópia ou outro qualquer processo, sem prévia autorização escrita do Editor, é ilícita e passível de procedimento judicial contra o infractor.

À memória de GIANNINI – a quem devemos muito do pouco que somos

A minha luta é esta:
sagrado de saudade
divagar pelos dias.

R. MARIA RILKE, *Das ist
mein Streit*

# ADVERTÊNCIA

Mais uma vez marcamos encontro com o público-jurista, numa tentativa, porventura efémera e inútil, de antecipar algumas, poucas, reflexões sobre temas que podem interessar à anunciada reforma do contencioso administrativo.

A texto inédito juntam-se dois estudos recentíssimamente publicados, conferindo outra unidade ao nosso pensamento sobre problemas tão tormentosos como olvidados. Neste contexto, ganha relevo o enorme esquecimento a que a doutrina mais recente tem votado o conceito jurídico de interesse público, cujo sentido e alcance se projecta sobre temas tão transcendentes como o da discricionaridade administrativa ou, mais latamente, das relações entre o cidadão e a Administração. Esquecimento do interesse público que pode bem vir a constituir-se numa das causas da crise-morte da justiça administrativa no século que agora se inicia.

Com efeito, a reforma do contencioso administrativo não pode nem deve ignorar a natureza e a importância jurídicas do interesse público, sob pena da justiça administrativa se converter num flamejante *prêt-à-porter* ou, menos elegantemente, num mini-mercado subjectivista.

A colonização do Direito Constitucional pelo Direito Administrativo (aparentemente seria o inverso), trazida pela última revisão constitucional, em matéria de contencioso administrativo, parece indiciar um caminho perigosamente individualista, que o legislador, na sua liberdade constitutiva, deve temperar com bom senso e sabedoria.

O nosso esforço teórico vai notoriamente nesse sentido, recordando que *o princípio de Prometeu é o complexo de Édipo das rupturas epistemológico-subjectivistas da justiça administrativa*. A ver-dever-vamos.

Advertência última e primeira. No melhor espírito de *Fehrbellin*, não aconselhamos (vivamente) a leitura deste livro ao jurista que faça do *conformismo* o seu modo de vida.

# O ESQUECIMENTO DO INTERESSE PÚBLICO NO DIREITO ADMINISTRATIVO

> "Por uma espécie de fatalidade, as coisas de que mais se fala entre os homens são frequentemente aquelas que menos se conhecem"
> DIDEROT (a propósito da beleza)

## 1. Reflexões precocemente tardias: o esquecimento público

Vivemos um tempo fascinado pela velocidade e pelo futuro, a tal ponto que a futurologia passou a constituir, depois de FLECHTEIM (seu inventor, em 1943), objecto de investigação científica. Tudo isto não constituiria mal algum se, paralelamente, não implicasse ou exigisse mesmo um fenómeno perverso, o *esquecimento*. Segundo a minha prognose, à descerebragem iniciada no século passado, seguir-se-á o esquecimento no terceiro milénio [1].

---

[1] Trata-se, neste primeiro ponto, de oferecer alguma intertextualidade ao discurso jurídico, se bem que tenhamos presente a desnecessidade de citar um filósofo ou um jurista para persuadir o auditório de que no inverno faz naturalmente frio. Daí alguma

O homem, e o *administrativista* em particular, permanecerá uma espécie de *animal obliviscens*, o que nos obriga a colocar a seguinte questão: será possível a sobrevivência do direito administrativo sem uma parte essencial da sua equipagem, o interesse público?

O inquietante da pergunta está em que o *esquecimento* não é uma espécie de *vis inertiæ* do ser humano, mas, ao invés, o produto de múltiplos fluxos e refluxos de natureza cultural, capazes de determinar o que podemos ou queremos esquecer (H. WEINRICH). Este é o problema.

Falamos essencialmente do *esquecimento público,* do esquecimento da coisa pública, porque é este esquecimento que caracteriza o tempo que vivemos e ameaça a sobrevivência do direito administrativo [2].

O fenómeno do esquecimento não é novo, como se sabe. O que é novo é a privatização da memória. Sabe-se

---

contenção nas citações. Veja-se, a este propósito, *Dialogues de Claude Fleury sur l'Éloquence Judiciaire (1664),* ed. de F. Gaquère, Paris, 1925, p. 53 e ss.

Se bem que, no *métier* jurídico, a língua alemã tenha substituído a persuasão aristocrática do grego ou do latim.

[2] Outras formas de esquecimento igualmente graves são, por exemplo, a amnistia e o fenómeno das prescrições e até dos actos de graça (em sentido estrito), hoje em desuso. Os actos de graça assumem normalmente a forma jurídica de *esquecimento misericordioso* (S. BELLOW, *merciful forgetting,* que nas línguas inglesa e alemã deram lugar a fórmulas jurídicas particulares, acentuadas pela aliteração: *Vergeben und Vergessen* ou *forgiving and forgetting* (perdoar e esquecer).

No que toca às precrições, o problema é mais delicado, podendo legitimamente demandar-se se poderão existir formas processuais, sobretudo em matéria criminal, de esquecimento público.

Já a amnistia se entende melhor se não eliminarmos os fundamentos histórico-político-linguísticos do grego *(amnistia),* que significa esquecimento, recebendo tradução na cultura jurídica latina como sinónimo da palavra *oblivio.*

que Aristóteles dedicou um tratado ao fenómeno do esquecimento e que Freud forjou grande parte do seu prestígio na explicação psicanalítica do "esquecimento" de tudo o que ameaça ser desagradável *(Unlust)*. Mais exactamente, o mérito de Freud esteve, sem dúvida, em trazer para o nível do consciente o que tinha ido parar patologicamente ao inconsciente. Também aqui as diferenças de tempo e de conteúdo são notórias. Se tivéssemos que eleger, entre juristas, os potenciais pacientes, diríamos, com grande probabilidade, que se trataria de administrativistas.

Sabemos também que a tolerância para com o esquecimento tem as suas raízes modernas nos séculos XVII e XVIII, sendo que o esquecimento público tem o seu corte epistemológico na grande Revolução francesa. Provavelmente, nunca na história se verificou um tão grande abalo da memória em tão brevíssimo tempo (o Príncipe e as suas prerrogativas, o calendário juliano-gregoriano, a propriedade aristocrática, os privilégios, etc.) [3]. O primeiro dever

---

[3] Nasceu, assim, a *sociedade moderna,* isto é, uma sociedade sem passado, totalmente dirigida para o futuro (cfr. A. DUPRONT, *Les Lettres, la Religion et les Arts dans la Societé Française de la Deuxième Moitié du XVIII Siècle,* Paris, 1965, p. 21). Sociedade e cidadão revêem-se agora numa auto-representação discursiva em que o real passa a ser o normativo – o novo mito dos direitos surgiu. A nova linguagem e a imagem tomam o lugar do real, como forma de esquecimento do antes. O cidadão, através do consentimento representativo, torna-se autor, autor de um presente e de um futuro sem passado.

O novo *habitus* do cidadão, para usar um termo da antiga escolástica (N. ELIAS, *Über den Prozess der Zivilisation. Soziogenetische und psychogenetische Untersuchungen*, Bern, 1969), é o consentimento enquanto sublimação racional de proibições e constrangimentos exteriores.

À santa e iluminada astúcia do Príncipe, substitui-se a democrática e urbana astúcia do cidadão como pilar do Estado de Direito. Passou, desde então, a ser possível fazer quadros e representações

do cidadão e da cidadania passou a ser o esquecimento (H. WEINRICH). Assim o exigiu a realização do mito rousseauniano da *vontade geral,* enquanto o *consenso tácito* de JOHN LOCKE se vê reflectido no *principle of fairness* de RAWLS.

Se este esquecimento se percebe política e historicamente, já se nos afigura mais preocupante o esquecimento hodierno, com refracções na linguagem quotidiana. Segundo o modelo linguístico anglo-saxónico, *forget it, forget about it* ou, pura e simplesmente, *esquece,* em português falado, normalmente acompanhado pelo célebre "prontos", que não é mais do que o fascínio, a vertigem patológica do fim, do nada.

Colocando o discurso juspublicista sobre as plantas, apetece perguntar por que razão a noção categorial de interesse público tem sido votada, nas últimas décadas, ao ostracismo pelos administrativistas? [4].

---

com palavras. O discurso (o texto) e a leitura deixaram de ser um acto individual para se tornarem num acto teatral, colectivo e de massas, onde o novo espectador, o cidadão, se revê, antibrechtianamente, na nova representação (política).

Creio que é esta convicção de estar em cena que cria emocionalmente o conceito moderno de cidadão.

[4] Não deixando de ser intrigante este fenómeno, sempre poderemos afirmar que, entre outras razões explicativas, pode estar um entendimento equivocadamente liberal da relação entre o cidadão e a Administração, que tem conduzido (frequentemente) à própria composição procedimental do interesse público primário.

Por outro lado, não será indiferente, à questão em apreço, o próprio encolhimento do Estado Social de Direito num tímido e acanhado Estado mínimo regulador, nem será eventualmente despiciendo a crescente privatização da memória e dos instrumentos de actuação da Administração.

Um outro aspecto, que procurámos evidenciar numa obra recente (*Para um Direito Administrativo de Garantia do Cidadão e da Administração (Tradição e Reforma),* Coimbra, 2000, p. 83 e ss), é o da

Exceptuando definições manualísticas e contributos incidentais [5], este esquecimento do interesse público é também uma forma de esquecimento (e até de canibalismo) da doutrina administrativista clássica [6], fenómeno que, em abono da verdade, não é apenas nacional, mas atravessa toda a juspublicística europeia. Este esquecimento é ainda mais grave quando é o próprio legislador a sofrer de amnésia pública, por razões que explicaremos mais para diante quando nos debruçarmos sobre o interesse público (essencial).

## 2. A anorexia do interesse público. Do Estado de Direito liberal ao Estado mínimo regulador: as autoridades administrativas independentes

A razão de ser da Administração pública e da sua organização prende-se inequivocamente com a prossecução do interesse público, o que se manifesta e evidencia em diversificadas formas e modalidades de intervenção dos poderes públicos. Esta realidade explica ou pode explicar a relevância dos estudos dirigidos a enfatizar o aspecto

---

influência do direito comunitário (União Europeia), que não distingue entre direito público e direito privado.

[5] VIEIRA DE ANDRADE, "Interesse público", in *Dic. Jur. Adm. Públ.*, vol. V, Lisboa, 1993, p. 275 e ss.

[6] Recordamos aqui a obra fundamental de ROGÉRIO SOARES, *Interesse Público, Legalidade e Mérito*, Coimbra, 1955, uma das poucas, na juspublicística europeia, a não ser indiferente à relação do interesse público com a discricionariedade administrativa. Como amavelmente sugerimos aos nossos colegas mais jovens, esta obra mantém-se uma sólida base de partida e de inspiração para muitas e inovadoras chegadas.

teleológico do agir administrativo, mas, em contrapartida, deixou na penumbra o aspecto substancial da figura misteriosa do interesse público [7]. Com efeito, a ausência de um conceito substancial de interesse público, aliada à inexistente densificação da sua natureza jurídica, caminham a par da sua mistificação e também da sua dissolvência nas mãos de uma Administração entendida subjectivamente. A tal ponto tem sido assim, que, não raras vezes, em nome do interesse público, os entes públicos procuram justificar acções e actuações (de parte) nem sempre lícitas ou legítimas [8], sendo que algumas se apresentam mesmo disparatadamente pós-modernas [9]. Como iremos ver, parece-nos fundamental que a qualificação do interesse público passe inevitavelmente pela sua precisa e prévia normativização. Com efeito, é nossa opinião, que a fixação normativa do interesse público primário, qual estrela polar da actividade administrativa, exigirá até, numa sociedade complexa como a actual, uma crescente autoridade da Administração na sua concretização, inclusive mais intensa do que em tempos pretéritos.

Para uma melhor inteligibilidade deste enigmático conceito, não deixaremos de ter em atenção a evolução do

---

[7] Cfr. CANNADA-BARTOLI, "Interesse", in *Enc. del Dir.*, XXII, Milano, 1972, p. 1 e ss; veja-se também L. DE LA MORENA Y DE LA MORENA, "Derecho administrativo e interés público: correlaciones básicas", in *Rev. Adm. Públ.*, n.os 100-102, 1983, p. 847 e ss, esp. p. 863 e ss.

[8] M. S. GIANNINI, *Diritto amministrativo*, I, 3.ª ed., Milano, 1993, p. 108.

[9] S. VIGORITA, "Principio individualistico nel processo amministrativo e difesa dell'interesse pubblico", in *Riv. trim. dir. proc. civ.*, 1962, p. 631. Referência igualmente relevante é L. MIGLIORINI, "Alcune considerazioni per un'analisi degli interessi pubblici", in *Riv. trim. dir. pubbl.*, 1968, p. 274 e ss.

Estado de Direito liberal para o actual Estado mínimo regulador – fórmula que explica uma forma particular de retracção, que não estrita e directamente normativa, do Estado Social de Direito – sem procurar seguir os trilhos descritivos tradicionais, mas tão-só apresentar um olhar diacrónico e analítico desta realidade [10].

No Estado liberal, o interesse público coincidia apriorística e abstractamente com o interesse da colectividade, com base na separação, tão cortante como artificial, entre o Estado e a sociedade, o que, segundo GIANNINI, permitia na prática elevar (nem tanto excepcionalmente) o interesse individual à categoria de interesse geral [11].

Verificou-se depois, como é sabido, o gradual e constante incremento, pelo menos até à década de oitenta do século passado, de novas tarefas e serviços públicos por parte do Estado e de outros entes públicos, o que trouxe consigo a corrosão progressiva do carácter monolítico do conceito de interesse público. Adivinhava-se, assim, uma nova configuração de interesse público, agora mais concreto e menos abstracto e até plural (interesses públicos) [12], que passou e passa pela procedimentalização da actividade administrativa e até erroneamente pela própria composição do interesse público primário. A fonte deste equívoco parte, antes de mais, da porosidade e vaguidade da lei na qualificação do interesse público

---

[10] Sobre o tema, a referência indispensável de ROGÉRIO SOARES, *Direito Público e Sociedade Técnica*, Coimbra, 1969, p. 39 e ss.

[11] M. S. GIANNINI, *Istituzioni di diritto amministrativo*, Milano, 1981, p. 43 e ss.

[12] Cfr. A. PIZZORUSSO, "Interesse pubblico e interessi pubblici", in *Riv. trim. dir. proc. civ.*, 1972, p. 57 e ss. Veja-se ainda COLAÇO ANTUNES, *A Tutela dos Interesses Difusos em Direito Administrativo (Para uma Legitimação Procedimental)*, Coimbra, 1989, p. 35 e ss.

essencial, acompanhada de certos mal-entendidos quanto à interpretação da função administrativa.

Bastará recorrer à pura lógica, para compreender que a composição e ponderação dos interesses públicos secundários e dos interesses juridicamente protegidos dos particulares deva ser feita em relação a algo já previamente definido na lei – o interesse público primário. Ponderar, significa comparar coisas diferentes e não miscigenar o interesse público primário, que deixaria de constituir um polo essencial do referido balanceamento de interesses. Todavia, o que se verifica no actual Estado mínimo regulador é, precisamente, o próprio "achamento" do interesse público essencial através da ponderação procedimental, o que, obviamente, só vem enfraquecer e inquinar o conteúdo essencial do interesse público, fórmula que vem acolhendo realidades não só distintas como interesses nem sempre de índole pública. Começou então a falar-se de interesses públicos heterogéneos, em substituição da categórica e solene noção de interesse público [13].

De facto, um dos aspectos mais relevantes do Estado Social de Direito foi, sem dúvida, a intensificação da intervenção dos poderes públicos, com a consequente proliferação e massificação de interesses públicos, tantas vezes contraditórios entre si, numa dramática historicização e fragmentação do interesse público [14] e do seu direito – o direito administrativo [15].

---

[13] A. PIZZORUSSO, *op. cit.*, p. 68 e ss.

[14] Cfr. H. RYFFEL, "Öffentliche Interessen und Gemeinwohl", in *Wohl der Allgemeinheit und öffentliche Interessen,* Berlin, 1968, p. 14 e ss, bem como P. HÄBERLE, *Öffentliches Interesse als Juristisches Problem,* Bad Homburg, 1970.

[15] Sobre este ponto, COLAÇO ANTUNES, "A fragmentação do direito administrativo: do mito da caverna à utopia da vivenda", in *Rev. Jur. Urb. Amb.*, n.os 5/6, 1996, p. 293.

A noção ontológica de interesse público cedeu o passo a uma noção pluralista e maioritária, em prejuízo do seu carácter geral e solidarístico [16]. Agora, é a dinâmica dos interesses expressos na sociedade a moldar a fisionomia do interesse público, o que, ao invés do que se pensa, não comporta inevitavelmente a sua socialização [17], mas antes a sua privatização.

Cremos que é isso precisamente que se passa no actual Estado mínimo regulador [18], onde o carácter teleológico da actuação da Administração, e a correspondente subjectivação do interesse público, tem dado lugar à crescente substituição do Estado e dos órgãos administrativos por *autoridades administrativas independentes* [19]. O Estado continua a desempenhar a função reguladora, segundo directrizes supranacionais, mas abdicou de prosseguir, pelo menos directamente, algumas das tarefas que tradicionalmente lhe incumbia realizar, para passarem a ser definidas e executadas por entidades privadas, semi-públicas ou mesmo públicas, ainda que não pertencentes organicamente à Administração.

Estamos, assim, postos perante um paradoxo interessante: à crescente e desmesurada legiferação, corresponde

---

O culminar deste processo de fragmentação do Direito Administrativo ter-se-ia consumado com a regionalização (falhada), inspirada, a meu ver (ainda que possa parecer paradoxal), no modelo do Estado mínimo.

[16] M. R. SPASIANO, "Interesse pubblico – interesse privato: la crise della 'grande dicotomia'", in *Leg. giust.*, n.º 4, 1995, p. 553 e ss.

[17] C. J. FRIEDRICH, *The Public Interest*, New York, 1962, e E. SCHUBERT, *The Public Interest*, Glencoe, 1960, p. 225 e ss.

[18] Para uma caracterização do "Estado regulador", numa concepção distinta da sustentada no texto, cfr. A. LA SPINA / G. MAJONE, *Lo stato regolatore*, Bologna, 2000, p. 23 e ss.

[19] A. LA SPINA / G. MAJONE, *op. cit.*, p. 61 e ss.

agora uma menor e inibida actuação do Estado e da Administração pública, o que explica o sentido da fórmula por nós utilizada – Estado mínimo regulador. Com uma pontualização, a actividade reguladora do Estado não só tem convertido o interesse público numa noção porosa, porque crescentemente indeterminada, como passou a regular e a valorar, preventivamente, actividades desenvolvidas pelos particulares na prossecução do interesse público, como é visível na figura do concessionário de poderes públicos.

Um dos aspectos mais relevantes trazidos pelas autoridades administrativas independentes, sobretudo no campo sócio-económico, é a de se terem alterado também as tipologias dos controlos sobre as actividades privadas. Das prescrições público-administrativas de tipo positivo (em geral, obrigações de *facere*), passa-se agora à imposição de limites gerais de tipo negativo (proibições genéricas), no âmbito dos quais as actividades dos operadores privados ficam essencialmente livres.

A função determinante deste tipo de "administração autocéfala" é a de garantir que a débil regulação das actividades económicas e do mercado permita um desenvolvimento pleno das relações interprivadas, desvinculadas de qualquer compromisso ou vinculação social estabelecida na lei ou até imposta pela Administração pública, que surge agora desvitalizada e agnóstica.

O Estado mínimo regulador não se confunde, porém, nem com o Estado de Direito liberal (*gendarme*), nem com o Estado Social de Direito, prestador de serviços.

O conceito *regulador* não significa aqui o oposto da célebre *deregulation,* mas antes um outro fenómeno [20].

---

[20] Sobre esta matéria, cfr. A. LA SPINA / G. MAJONE, *op. cit.*, p. 24 e ss.

Na regulação e actuação do Estado intervêm agora entidades a meio caminho entre o legislador e o administrador, as *autoridades administrativas independentes,* que se constituem num instrumento caracterizante do que nós apelidamos de Estado mínimo regulador. Realidade esta importada dos Estados Unidos, a partir das famosas *independent agencies* [21], pelo que a sua explosão na Europa, a partir dos anos oitenta do século XX e, em Portugal, mais recentemente, faz com que o "Estado Europeu" se distinga cada vez menos do "Estado Norte-Americano" [22].

---

[21] Mais exactamente, a influência depara-se-nos diversificada. Desde a influência norte-americana, através das *Independent Regulatory Commissions,* passando pela experiência britânica, *Regulatory Agencies,* até ao modelo francês das *Autorités Administratives Indépendantes.*

[22] É certo que se impõe aqui adjectivar o género "agency", uma vez que falamos especificamente de autoridades administrativas independentes e estas apresentam nuances ou espécies particulares. Uma das primeiras definições jurídicas de *agency* encontra-se no *Administrative Procedure Act* (5 USC Sec. 551 – *"agency means each authority of the Government of the United States, whether or not it is within or subject to review by another agency, but does not include (a) the Congress; (b) the courts of the United States; (c) the governments of the territories or possessions of the United States; (d) the government of the District of Columbia; (e) agencies composed of representatives of the parties or of representatives of organizations of the parties to the disputes determined by them; (f) courts martial and military commissions; (g) military authority exercised in the field in time of war or in occupied territory".*

Para a doutrina, vastíssima, cfr., por exemplo, BREYER//STEWART, *Administrative Law and Regulatory Practice,* Boston, 1992, ou ainda WILLIAM FOX, *Understanding Administrative Law,* New York, 1992, e, especialmente, K. C. DAVIS/R. J. PIERCE, *Administrative Law Treatise,* Boston, New York, Toronto, London, 1994, p. 9 e ss.

O modelo ideológico subjacente é o *eficientismo,* que não é mais do que uma expressão da abdicação da Administração em ser Poder e autoridade na prossecução do interesse público, perpassando pela caracterização das autoridades administrativas independentes uma ideia de "discricionaridade técnica".

Estado mínimo regulador que não vai igualmente confundido com o *Estado mínimo,* do regresso às origens [23], porque, inversamente a este modelo, se o Estado regulador exprime também a ideia de um Estado *limitado* ou contido em matéria de intervencionismo económico, tal já não acontece no que toca, por exemplo, ao ordenamento do território, ao urbanismo ou ao ambiente e a outros domínios relevantes para a tutela dos direitos fundamentais. Queremos, assim, revelar que a retracção dos poderes públicos não é total nem homogénea, verificando-se até um acréscimo de intervenção (pública) em determinados sectores considerados benignos. Neste sentido, é interessante verificar que a emergência dos "interesses difusos" coincidiu com os primeiros sinais de *deregulation* no domínio sócio-económico.

Se é certo que há uma certa anorexia do interesse público no Estado mínimo regulador, também é verdade que o ambiente e, de modo geral, os interesses difusos surgem agora como uma espécie de espelho conscencial de um interesse público debilitado pela cura de emagrecimento a que tem estado sujeito.

---

[23] Veja-se, essencialmente, R. NOZICK, *Anarchy, State and Utopia,* New York, 1974, p. 33 e ss. Se bem que o Autor reconheça uma base contratual ao Estado mínimo, na verdade a sua preocupação maior está em definir o que não pode ser versado no contrato. O conteúdo do contrato escapa-lhe intencionalmente.

É igualmente interessante notar, que a actual *overdose legislativa* (ou hiper-reguladora) incide, em boa parte, sobre os chamados direitos de terceira geração, o que leva alguns autores a falar de colonização dos mundos vitais [24] – numa valorização manifesta do que poderíamos classificar de *política simbólica* [25]. À asfixia estrutural do campo económico (fusões, concentrações) sucede-se uma sublimação normativa sob a forma de novos direitos que, apesar de bem-vindos, não são, naturalmente, o antídoto da sociedade unidimensional (MARCUSE) em que vivemos ou sobrevivemos. É, aliás, curioso observar, que a evolução da política ambiental nos Estados Unidos tem apontado para a criação de "direitos" a inquinar e de mercados ambientais, onde é possível "trocar" tais direitos em conjugação com a fixação de standards ambientais, cuja regulação e funcionamento

---

[24] Para utilizar um argumento à RAWLS, poderíamos dizer que os benefícios e os direitos devem ser não apenas *recebidos* mas também conscientemente *aceites e praticados.*

Acresce que estes novos direitos se exercitam normalmente contra a Administração, quando é certo que os constrangimentos têm crescentemente uma fonte privada. Além de que alguns destes direitos (veja-se o direito ao ambiente) ganha boa parte do seu sentido em conexão com a escrupulosa prossecução do interesse público pela Administração.

Verifica-se, assim, uma contradição insanável: ao maior volume e intensidade dos direitos do cidadão corresponde, inversamente, um objecto cada vez mais rarefeito – o espaço público, a Administração e o respectivo interesse público.

Em suma, o pensamento mais em voga, sob o *disfarse* de uma Administração autoritária, parece querer contrapor os direitos fundamentais ao interesse público, o que, no mínimo, é uma tremenda ingenuidade.

[25] J. HABERMAS, *Theorie des Kommunikativen Handelns,* vol. II, Frankfurt a. M., 1981, p. 1005 e ss.

vêm garantidos e fiscalizados por autoridades administrativas independentes [26].

Num olhar que *não* se confina à realidade nacional, como deixámos dito antes, as *autoridades administrativas independentes* são, provavelmente, um dos aspectos mais marcantes do Estado mínimo regulador, pelo que as linhas que se seguem são-lhe dedicadas. Trata-se de saber o que são estas entidades e quais as suas funções na actual e complexa sociedade neobarroca.

O pressuposto determinante da institucionalização de autoridades administrativas independentes parece ser o de que exista um sector de actividade a que se reconheça uma particular delicadeza social [27], como podem ser, a título indicativo, actividades respeitantes à comunicação social, documentos administrativos e respectivo acesso, energia ou a bolsa.

Porém, o modelo das autoridades administrativas independentes não é facilmente configurável em termos jurídico-administrativos [28]. Estamos perante organiza-

---

[26] A. LA SPINA / G. MAJONE, *op. cit.*, p. 78.

[27] A. MASSERA, "Autonomia e indipendenza nell'amministrazione dello Stato", in *Scritti in onore di M. S. Giannini*, vol. III, Milano, 1988, p. 449 e ss.

[28] Entre nós, com âmbitos diferentes, veja-se FREITAS DO AMARAL, *Curso de Direito Administrativo*, vol. I, 2.ª ed., Coimbra, 1996, p. 300 e ss; M. REBELO DE SOUSA, *Lições de Direito Administrativo*, vol. I, Lisboa, 1994/5, p. 338 e ss; P. OTERO, *O Poder de Substituição em Direito Administrativo: Enquadramento Dogmático-Constitucional*, vol. II, Lisboa, 1995, p. 722; VITAL MOREIRA, *Administração Autónoma e Associações Públicas*, Coimbra, 1997, p. 126 e ss; e, mais recentemente, C. BLANCO DE MORAIS, "Las autoridades administrativas independientes en el orden constitucional portugues", in *Doc. Adm.*, n.os 257-258, n.º especial (Tendencias actuales del derecho administrativo en Portugal), 2000, p. 43 e ss.

ções desenhadas para o desenvolvimento de funções de tipo plublicístico, ainda que substancialmente atípicas [29].

Estas novas entidades apresentam alguma complexidade se atendermos à estrutura dos órgãos, às finalidades prosseguidas ou mesmo aos sectores da vida em que operam, como não são claras as suas relações institucionais com os poderes públicos.

A sua misteriosidade conceptual e teleológica não nos permite operar, pelo menos inicialmente, com uma noção positiva [30], fazendo antes apelo a critérios ou referências negativas: as autoridades administrativas independentes não são verdadeiramente órgãos da Administração, não têm natureza política e não são entidades judiciais, se bem que alguns autores [31] descortinem actividades quase-judiciárias ou de adjudicação, sob forma contenciosa ou semi-contenciosa, entre as autoridades administrativas independentes e os "sujeitos regulados" [32].

O único aspecto definitório positivo parece assentar, *ictu oculi*, na sua característica de entidades *independentes* [33], ainda que o grau de independência se apre-

---

[29] G. PERICU, "Brevi riflessioni sul ruolo istituzionale delle autorità amministrative indipendenti", in *Dir. amm.*, n.º 4, 1995, p. 629 e ss.

[30] Essencialmente para a realidade portuguesa, num tom positivo, FREITAS DO AMARAL, *Curso de Direito Administrativo*, vol. I, op. cit., pp. 301 e 302.

[31] Cfr. G. AMATO, "Autorità semi-indipendenti ed autorità di garanzia", in *Riv. trim. dir. pubbl.*, 1997, p. 645 e ss.

[32] Sobre a distinção entre a administração independente e a administração autónoma, cfr. VITAL MOREIRA, *Administração Autónoma e Associações Públicas*, op. cit., p. 131 e ss.

[33] G. PERICU, op. cit., p. 1. Criticamente, S. KATZEN, "Independent Agencies, Independent from Whom?, in *Adm. Law Rev.*, 1989, p. 491 e ss.

sente variável em relação ao Estado e à sua Administração. Por outro lado, esta "qualidade" não sublinha apenas uma ausência definitória, evidenciando também, o que nos parece mais relevante, uma clara tendência para a sua institucionalização nas mais variadas situações e com os mais surpreendentes pretextos [34]. Se as motivações mais racionais parecem radicar no referido *eficientismo* e na sua aparente *neutralidade*, a sua legitimidade e justificação encontra conforto nas particulares competências técnicas que lhe são reconhecidas ou atribuídas, num convite óbvio à neutralização da gestão pública de sectores sociais e económicos importantes ou, pasme-se, à recuperação de uma actividade imparcial e tecnicamente adequada para a tutela dos direitos dos cidadãos [35].

Em nossa opinião, a institucionalização de autoridades administrativas independentes representa mais um passo para a menorização da Administração e do próprio Estado, diminuindo substantiva e institucionalmente a reserva de actuação e de realização do interesse público [36].

---

[34] Veja-se o que aconteceu recentemente em Portugal, que apresenta claras coincidências com o que se tem vindo a referir ao longo do texto.

[35] Cfr. C. FRANCHINI, "Le autorità amministrative indipendenti", in *Riv. trim. dir. pubbl.*, 1988, p. 563. Sobre a noção de controlo, cfr. M. S. GIANNINI, "Controllo: nozione e problemi", in *Riv. trim. dir. pubbl.*, 1974, p. 1267 e ss.

[36] Cfr. COLAÇO ANTUNES, *Para um Direito Administrativo de Garantia do Cidadão e da Administração...*, op. cit., p. 49 e ss, esp. p. 85.

Numa referência ao contencioso administrativo, cfr. COLAÇO ANTUNES, "Hacia un contencioso administrativo de garantía del ciudadano y de la Administración", in *Doc. Adm.*, n.os 257-258, 2000, p. 278 e ss.

Na verdade, o recurso desmesurado a estas misteriosas entidades revela-se não só desnecessário em muitos casos como igualmente inoportuno, agravando a crise de uma Administração pública com dupla personalidade [37], porque permanentemente confrontada com uma *administração paralela* (de extracção partidária) [38].

Naturalmente que se pode contrapor, numa retórica típica do pensamento débil, que as autoridades administrativas independentes são o fruto de sistemas administrativos abertos, policêntricos, representando um modo de ser quase natural do Estado moderno, chamado a dar resposta a problemas crescentemente complexos e socialmente sensíveis [39]. Observações descritivas, que até podemos fazer nossas, mas que de facto não oferecem qualquer justificação substancial das razões da sua copiosa institucionalização, da sua organização, nem sequer da sua *independência* ou das suas variadas funções.

Realmente, não deixa de ser surpreendente que o Poder público se preste, ainda que de forma indirecta, a reconhecer a sua incompetência e incapacidade em domínios vitais do agir administrativo, pondo-se em causa a tradicional administração ministerial [40]. Em última

---

[37] Sobre a dupla personalidade dos indivíduos e do Estado, cfr. ORTEGA Y GASSET, "El hombre a la defensiva", in *Obras Completas,* t. II, Madrid, 1963, p. 648 e ss.
[38] Cfr. A. GORDILLO, *La Administración Paralela,* Madrid, 1982, esp. pp. 35 e ss e 83 e ss.
[39] G. PERICU, *op. cit.,* pp. 3 e 4.
[40] Cfr. A. MASSERA, "La crisi del sistema ministeriale e lo sviluppo degli enti pubblici e delle autorità amministrative indipendenti", in S. CASSESE/C. FRANCHINI (coords), *L'amministrazione pubblica italiana,* Bologna, 1994, p. 20.

análise, a institucionalização das autoridades administrativas independentes representa o reconhecimento de que o Estado e a sua Administração já não simbolizam o interesse geral e são incapazes de prosseguir o interesse público ou não são idóneas para desenvolver uma actividade técnica ou neutral (suficientemente garantística em áreas sensíveis).

Note-se que, enquanto as *agencies* norte-americanas representam, pela configuração originária do Estado mínimo liberal, o alargamento da esfera pública [41], na Europa, a sua institucionalização representa o inverso: retracção e abdicação dos poderes públicos levarem a cabo tarefas e funções públicas que sempre desempenharam. Mesmo prescindindo do reconhecimento de poderes normativos atribuídos a estas entidades [42], a verdade é que, ao lado dos centros tradicionais de decisão administrativa, surge agora uma nova realidade institucional com variadas competências sectoriais, é certo, mas efectivamente incidentes na sociedade [43].

Será isto aceitável, mesmo perante a sua (genérica) constitucionalização (art. 267.º/3), introduzida pela revisão constitucional de 1997? Revisão, aliás, que em matéria de contencioso administrativo representa uma diminuição drástica, jurídica e axiológica, do interesse público.

---

[41] Cfr., apesar da regressão na era Reagan, ROSE-ACKERMAN, *Rethinking the Progressive Agenda: the Reform of the American Regulatory State,* New York, 1992, p. 127 e ss. Entre nós, VITAL MOREIRA, *Administração Autónoma e Associações Públicas, op. cit.,* 136, nota 173, observa que nos Estados Unidos se assiste à tendência da sua integração na "administração executiva".

[42] Neste sentido, VITAL MOREIRA, *op. cit.,* p. 135.

[43] G. PERICU, *op. cit.,* p. 4.

A primeira consequência da constitucionalização das autoridades administrativas independentes é a de que a revisão constitucional operou silenciosamente uma ruptura do sistema administrativo anteriormente reconhecido na Lei Fundamental [44]. Depois, ao verificar-se tal constitucionalização, esta deveria ter definido o campo de actuação das autoridades administrativas independentes, o que não fez, pelo que a liberdade constitutiva deixada ao legislador ordinário (esperemos que não à Administração) me parece roçar a inconstitucionalidade [45].

Porque o problema não é de mera compatibilidade constitucional, mas de substancial e radical alteração

---

[44] É certo que algumas entidades administrativas independentes (A.A.C.S., por exemplo) já tinham sido criadas por anteriores revisões constitucionais, enquanto outras foram instituídas com o simples recurso à lei ordinária, o que suscitou alguma perplexidade na doutrina.

Por outro lado, não é inócuo, relativamente à sua natureza jurídica (e ao respectivo direito regulador), que o referido preceito constitucional fale de *entidades* administrativas independentes (em vez de *autoridades*). No fundo, estamos, nesta matéria, confrontados com o delicado problema da noção de *ente público*. Não podendo, nesta sede, enfrentar *fuenditus* um problema tão complexo, sempre diremos que por ente público deve entender-se a pessoa jurídica a quem o ordenamento jurídico reserva (pelo menos) uma disciplina parcialmente diversa da do direito comum ou privado. Mais uma vez, a dilucidação da questão passa, como iremos ver, pela relação-função do ente público com o interesse público, isto é, pela prévia qualificação pela lei de um interesse como público. Não existe, com efeito, qualquer interesse público na natureza ou em estado natural. Sendo este uma criação da lei, o seu "direito natural" é o direito administrativo, embora a disciplina própria (e diferenciada) do ente público possa variar em função da estrutura organizativa, modalidades de actuação e das relações com o ordenamento jurídico (geral).

[45] Sobre esta delicada questão, cfr. M. HERRERO, *Límites Constitucionales de las Administraciones Independientes*, Madrid, 2000. Veja-se também P. OTERO, *O Poder de Substituição em Direito Administrativo...*, op. cit., p. 722 e ss.

do quadro institucional existente, há que tirar outras ilações.

A primeira é a de que a plasmação constitucional destas entidades, através de uma cláusula geral (decaindo o princípio da tipicidade), deveria exigir outra consciência ou sensibilidade constitucional, uma vez que estas entidades independentes, na maioria dos casos, desenvolvem actividades que já eram ou podiam ser levadas a cabo pela Administração (existente), o que, em última instância, pela sua abertura e indefinição, coloca o problema da norma inconstitucionalmente constitucional (art. 267.º/3 da C.R.P.) [46].

A segunda ilação conduz-nos, inevitavelmente, ao sentido, alcance e âmbito do artigo 267.º/3 da Constituição [47], sendo de exigir, face às suas refracções administrativas, outra precisão e orientação para o legislador ordinário, não deixando para a lei a definição do seu âmbito material de criação e de actuação, os procedimentos relativos à designação dos titulares e respectivas funções ou ainda aspectos pertinentes ao apuramento de responsabilidades. Com efeito, a excessiva liberdade cometida ao legislador pode comportar alguns inconvenientes ou dissabores. Desde logo, a título de exemplo, a eventual sobreposição ou duplicação de competências entre órgãos administrativos propriamente ditos e entidades independentes, nem sempre atendíveis ou

---

[46] Autores norte-americanos levantam pertinentemente uma questão semelhante, argumentando com a lesão das prerrogativas administrativas do governo, violação do princípio da separação de poderes e usurpação dos poderes legislativos e judiciais. Cfr. VITAL MOREIRA, *op. cit.*, p. 135, nota 172.

[47] Não estamos (aqui) a referir-nos a órgãos independentes, político-constitucionalmente relevantes.

desculpáveis, especialmente quando se nota uma tendência para a fragmentação das realidades e mercados que regulam, nomeadamente em matéria radiotelevisiva ou das telecomunicações. Neste sentido, parece-nos manifestamente excessiva a (previsível) concentração, nestas autoridades, de poderes reguladores, de controlo e até sancionatórios [48].

Em suma, se as autoridades administrativas independentes ainda podem desenvolver um papel positivo e neutral no campo dos direitos fundamentais (direito à informação e direito de acesso aos documentos administrativos), onde lhes é consentido desempenhar a função de instrumentos de *moral suasion* [49] e de tutela, já no domínio económico não são mais do que uma manifestação da privatização (pelo menos ao nível dos critérios a utilizar) e desnaturação dos poderes públicos travestida de neutralidade e eficiência técnica [50].

Na verdade, com a institucionalização das autoridades administrativas independentes, verifica-se uma notável redução da área de intervenção do interesse público. O único interesse público que permanece, consiste na *regulação* de sectores sensíveis em que se impõe assegurar, com intensidade, a tutela de direitos fundamentais de primeiríssimo plano, sendo que a sua "independência"

---

[48] Ainda que com um âmbito conceptual mais restrito, veja-se C. MORAIS BLANCO, *op. cit.*, p. 48 e ss, nomeadamente quanto aos equívocos da revisão constitucional.

[49] F. GAZIER/Y. CANNAC, "Étude sur les autorités administratives indépendantes", in *Sem. Jur.*, 1986, nos 30-32, p. 20 e ss, e J. CHEVALLIER, "Réflexions sur l'institution des autorités administratives indépendantes", in *Sem. Jur.*, 1986, p. 35 e ss.

[50] Neste sentido, G. AMATO, *op. cit.*, p. 646, que refere explicitamente a tentação de se resvalar, em alguns sectores, para uma regulação de direito privado.

será mais relevante em relação ao mercado do que propriamente à Administração pública [51].

Para fechar este ponto, apesar da ambiguidade da sua natureza jurídica e da amplitude e variedade de domínios em que se pode desdobrar a sua actuação, tornando difícil a aplicação de um critério classificatório uniforme, julgamos conveniente e oportuno afastar a qualificação das autoridades administrativas independentes como administração pública de direito privado, sujeitando antes a sua acção à fiscalização dos tribunais administrativos [52].

### 3. Interesse público e predeterminação normativa: superação das teses subjectivista e objectivista

Se tentarmos procurar as razões da escassa atenção dada pela doutrina à problemática jurídico-administrativa do interesse público [53], deparamos com um caminho cheio

---

[51] Na verdade, algumas destas entidades são verdadeiramente *independentes* e não têm nada de administrativo. Neste sentido, A. MASSERA, "La crisi del sistema ministeriale e lo sviluppo degli enti pubblici e delle autorità amministrative indipendenti", *op. cit.*, p. 39.

[52] Assim, o recurso-acção contra a decisão final (de recusa) ou falta de decisão no acesso a documentos administrativos (art. 17.º da Lei n.º 65/93, de 26 de Agosto, sucessivamente alterada pela Lei n.º 8/95, de 29 de Março, e, mais recentemente, pela Lei n.º 94/99, de 16 de Julho).

Obviamente que o problema não se põe se tais entidades integrarem organicamente a Administração (ministerial), tese que tem suscitado dúvidas ao próprio Tribunal Constitucional.

[53] Acontece que há toda uma poligamia conceptual em torno da noção de interesse público: interesse geral, interesse social, utilidade pública, necessidade pública, função social etc. Acontece até que o Código das Expropriações (Lei n.º 168/99, de 18 de Setembro,

de dificuldades. Presumivelmente, a explicação ou uma das explicações possíveis, para além das já avançadas, radicará na anómala evolução do nosso ordenamento jurídico em boa parte do século XX, onde, durante muito tempo, o interesse público esteve só no palco do direito administrativo, sem outros actores concorrentes. Isto permitiu, julgamos, uma certa entronização e mitificação do interesse público, resumido na máxima "de que nada se pode opor a um interesse público magnânimo". Por outro lado, apresentava-se como indiscutível, pela "communis opinio", a ligação entre o interesse público e o interesse de toda a colectividade e até a sua identificação com a ideia de soberania [54].

---

art. 80.º/1) fala, a propósito da requisição por utilidade pública, de "interesse público e nacional". Aliás, basta olhar para a história constitucional portuguesa para verificar a flutuação semântica dos conceitos de interesse público e de utilidade pública, traduzindo outras tantas realidades político-constitucionais, sendo que o conceito de utilidade pública parece equivaler ao do interesse público específico plasmado na lei.
   A propósito da génese e evolução da noção de interesse geral, cfr. J. CHEVALLIER, *Variations Autour de l'Idéologie de l'Intérêt Général*, Paris, 1978; D. TRUCHET, *Les Fonctions de la Notion d'Intérêt Général dans la Jurisprudence du Conseil d'État*, Paris, 1977, e ainda COLAÇO ANTUNES, *O Procedimento Administrativo de Avaliação de Impacto Ambiental (Para uma Tutela Preventiva do Ambiente)*, Coimbra, 1998, p. 75 e ss, notas 174 e 176 e respectiva bibliografia.
   [54] Equívoco que perdurou por muitos e bons anos e não é inteiramente indiferente a um dos mitos fundadores do direito administrativo, o *arrêt Blanco* de 1873. Cfr., a este propósito, R. CHAPUS, *Droit Administratif Général*, t. I, 13.ª ed., Paris, 1999, p. 1 e ss, ou ainda G. BIGOT, *Le Conseil d'État, Juge Gouvernemental. Le Prince, le Peuple et le Droit*, Paris, 2000, esp. p. 71 e ss.
   A talhe de foice, no âmbito da responsabilidade administrativa e no que concerne às actividades técnicas, pensamos que a distinção entre actos de gestão pública e actos de gestão privada passa pela

Só posteriormente, com o advento do Estado de Direito democrático, a partir de 1976, com a erupção de uma multiplicidade de exigências de carácter social, a emergência de novos grupos de pressão e de entes exponenciais de direitos igualmente emergentes, se veio colocar com maior pregnância o delicado problema da individualização e qualificação dos interesses públicos.

Acresce ainda um fenómeno jurídico muito particular, com conotações específicas entre nós. A máxima de WERNER [55], segundo a qual "o direito administrativo é o direito constitucional concretizado", também se aplica ao "Estado Novo", se bem que aí o Direito Administrativo não tenha raízes profundas no Direito Constitucional, como parece resultar de uma leitura atenta da obra de MARCELLO CAETANO. Ao contrário do que sustenta OTTO MAYER [56], o Direito Constitucional não só não "passou", como se tornou tão ou mais estável e permanente que o Direito Administrativo, permitindo uma evolução acéfala deste. Estas considerações ajudam pelo menos a compreender que a noção de interesse público tem uma carga inevitavelmente historicista, e que o Direito Constitucional e o Direito Administrativo podem existir e coabitar como categorias autónomas, independentemente da maior ou menor mobilidade de uma delas. Acresce que, em

---

presença ou não do interesse público específico na actividade administrativa, acompanhada dos respectivos poderes (e prerrogativas) de autoridade. Critério do interesse público primário, que é igualmente marcante para a qualificação dos contratos administrativos, enquanto aos contratos de direito privado da Administração estará reservada a prossecução dos interesses públicos secundários.

[55] F. WERNER, "Verwaltungsrecht als Konkretisiertes Verfassungsrecht", in *DVBl*, 1959, p. 527.

[56] O. MAYER, *Deutsches Verwaltungsrecht*, 1.º vol., Berlin, 1969, p. 6.

Portugal, não houve e não há um tratamento dialógico e unitário do direito público, com a separação do Direito Constitucional do Direito Administrativo, com regências separadas. A evolução do Direito Constitucional, no último quartel do século XX, parece dever-se à actual Constituição, em conjugação com a influência determinante da doutrina estrangeira, particularmente a alemã, convertendo-se numa acumulação de saber enciclopédico.

Já o Direito Administrativo parece ter sido mais sensível à teoria jurídica do Estado, transposta, por vezes acriticamente, de monografias e manuais franceses e italianos e, mais recentemente, dos alemães. Com a curiosidade de que, nos tempos que agora correm, parece ter sido o Direito Administrativo, ou mais exactamente a sua doutrina, a influenciar e a "concretizar" o Direito Constitucional, como é patente nas últimas revisões constitucionais, com destaque para a última – de 1997 (arts. 267.º/3 e 268.º/4, por exemplo). O Direito Administrativo, especialmente no que concerne à justiça administrativa (aparentemente sucede o inverso), surge agora com apetências hegemónicas sobre o Direito Constitucional, rompendo ou inquinando uma consciência histórico-jurídica própria.

Em extrema síntese, as revisões constitucionais, entretanto operadas, mais do que enlaçar o Direito Administrativo com o Direito Constitucional, têm tentado domesticar o Direito Constitucional (com objectivos óbvios em matéria de justiça administrativa), sem que os administrativistas nas últimas décadas se tenham dado ao esforço de estudar prévia e profundamente temas tão relevantes como a soberania [57], a problemática

---

[57] Um tema tão importante quanto esquecido, talvez porque no actual contexto interno e internacional, a soberania represente um *mini-ego,* que dificilmente sobreviverá num país como Portugal, em

que à perda do império se sucedeu vertiginosamente a "perda" do Estado. Mais lentamente, a Nação vai resistindo (até quando?) à progressiva colonização cultural e económica.

Já não se trata de uma soberania divisível, por força da integração europeia (U.E.), mas de uma soberania protocolar. Sobre o tema, vejam-se as considerações de GOMES CANOTILHO, *Direito Constitucional e Teoria da Constituição*, 3.ª ed., Coimbra, 1999, p. 86, e, em particular, G. CARNEVALI, *Nazionalismo o federalismo? Dilemmi di fine secolo*, Torino, 1996, p. 38 e ss. Veja-se ainda C. AMADO GOMES, "A evolução do conceito de soberania (tendências recentes)", in *Scientia Iuridica*, n.os 274/276, 1998, p. 185 e ss.

Quanto a nós, adiantaremos mais algumas reflexões.

Sabemos que os germes do moderno direito europeu se inspiraram no direito canónico. Isto não significa que o conceito moderno de poder indivisível, que se autodetermina pelo Direito, exista já no seio da teologia política medieval. Como observam alguns autores, o supremo poder *legibus soluta,* teorizado no período absolutista, não podia ser pensado por um glosador, não tanto pelo motivo tautológico das formas políticas que lhe são inerentes não existirem na Idade Média, mas, sobretudo, por não haver lugar (ainda) para uma concepção que tenha como primeiro postulado o Direito.

O poder medieval permanece, apesar dos glosadores e do *ius gentium* (O. VON GIERKE, *Giovanni Althusius e lo sviluppo storico delle teorie politiche giusnaturalistiche*, Torino, 1974, p. 121, onde se assinala que a Idade Média não foi totalmente indiferente à ideia de soberania, com destaque para Marsilio de Padova), um *dominium,* uma propriedade, sem que exista uma moderna soberania territorial. A Idade Média foi mais sensível à ideia de hierarquia do que ao conceito de soberania.

Sabe-se também que foi BODIN (ainda que no seu *Les Six Livres de la République,* que são de 1576, se fale de república e de reino) o primeiro a teorizar a ideia de soberania, numa acepção indivisível, única e ilimitada. Desenha-se, assim, uma *maiestas* irresistível que, sendo sensível à efectividade do comando, se desvincula das velhas tutelas ético-teológicas. Esta soberania absoluta e livre de qualquer mediação de outro poder é, para BODIN, indiferentemente, tanto uma característica estrutural de qualquer ente político, como um atributo do príncipe (cfr., sobre este ponto, F. MEINECKE, *L'idea della ragione di stato nella storia moderna,* Firenze, 1977, p. 85 e ss).

Não é, assim, certo, como sustenta uma boa parte dos autores italianos, que tenha sido MACHIAVELLI, no seu *Principe,* a afirmar o substantivo "Estado", já que neste autor a palavra *Estado* equivale a *establishment* (cfr. M. S. GIANNINI, "La scienza giuridica e i problemi dello stato", in *Nuovi moti per la formazione dell diritto,* Padova, 1988, p. 303.

Com efeito, a passagem das formas políticas medievais para as estruturas absolutistas, a par da criação da nação, supõe uma evolução incompatível com as instituições político-sociais da Idade Média. Porém, o sistema de poder monárquico-absolutista, que retira da vontade do príncipe a causa das relações sociais e o fundamento da regulação formal da convivência – *Quod principi placuit legem habet vigorem* – é ainda uma função histórica posta por anónimos mecanismos de interdependência.

A acreditar nos autores franceses, e particularmente em CARRÉ DE MALBERG (*Contribution à la Théorie Générale de l'État,* Tomos I e II, Paris, 1922, respectivamente pp. 73 e ss e 1 e ss), a descoberta do moderno conceito de soberania é toda uma dádiva da magnífica França. Se isto é particularmente verdade no que toca à ideia de soberania popular, tal não nos deve fazer esquecer o contributo da Revolução inglesa e dos pensadores ingleses. Foi, aliás, nos "bosques" ingleses que o notável MONTESQUIEU se inspirou.

Assim, é particularmente pertinente recordar a importância de HOBBES, a quem se deve porventura o modelo teórico de soberania mais coerente. Influenciado pelo ambiente político inglês, HOBBES prefere normalmente o termo *government* em detrimento do conceito de Estado. Um dos contributos maiores é, desde logo, a ligação que estabelece entre Estado e legislador, o que faz ressaltar de imediato outra ideia importante, a de que a titularidade do poder é apenas *um* aspecto da soberania. Elementos da soberania que acrescem ao *como* o Estado emana a lei e *ao que* justifica a obrigação política, ao mesmo tempo que desvincula a abstracta personalidade do Estado da individualidade do monarca (veja-se T. HOBBES, *De cive,* Roma, 1979, p. 128 e ss).

HOBBES oferece-nos uma concepção publicística de soberania. Independentemente do titular efectivo do poder, este vem entendido como o ente abstracto que monopoliza a vontade de comando na comunidade política. HOBBES veio, assim, declarar que só o Estado pode fazer leis, impondo a sua observância com a ameaça das respectivas sanções. Neste sentido, não surpreende que a lei não seja outra coisa que as regras estabelecidas pela autoridade política, pensamento que nos parece encontrar eco em MAX WEBER ou mesmo KELSEN. Lembre-se que, para este autor, todo o Estado é um Estado de Direito, mesmo a monarquia absoluta.

De qualquer modo, como advertimos antes, pensamos que os franceses, e particularmente MONTESQUIEU, deram um contributo fundamental para a fundação do *Estado moderno*, ao confeccionar a passagem da concepção de uma autoridade suprema irresistível para o que podemos chamar *Estado jurídico*, que não é exactamente o mesmo que Estado de Direito. Creio que o contributo maior de MONTESQUIEU foi ter ensinado que o essencial não é a conquista do poder, mas a fixação de regras procedimentais e limites jurídicos ao exercício do poder. Cremos também que o seu laboratório político foi o quadro institucional instaurado na Inglaterra depois da Gloriosa Revolução de 1688-1689 (cfr. CARRÉ DE MALBERG, *Contribution* ..., *op. cit.*, Tomo II, p. 1 e ss). De facto, MONTESQUIEU legou-nos a engenharia constitucional do moderno Estado de Direito. É clara também a influência francesa, mas não só, na domesticação moderna do *Leviathan*, numa configuração kantiana do Estado de Direito.

É precisamente no que toca à soberania popular, logo, ao desenho da moderna obrigação política, que entra em cena ROUSSEAU, objecto, aliás, de interpretações tão díspares que vão desde o inspirador do sensato Estado de Direito liberal até ao fundamento das democracias populares.

Na verdade, o seu célebre *contrato originário e originante* foi, durante algum tempo, objecto de disputas dogmáticas antitéticas entre si. De todo o modo, do modelo teórico de ROUSSEAU ressalta a ideia de que a obediência devida às deliberações políticas só se apresenta vinculada se a lei provier de uma autoridade legítima.

A centralidade da regra contratual na articulação dos processos políticos faz ROUSSEAU afirmar que "obedecendo à lei se obedece apenas à vontade pública, que é tanto minha como de qualquer outro indivíduo". Também para ROUSSEAU, o problema da soberania se converte no problema da lei, mas esta é agora, ao invés de HOBBES, a plasmação da vontade geral. Daí a célebre conclusão rousseauniana de que a soberania reside e é pertença do povo (cfr. J. J. ROUSSEAU, *Le Contrat Social*, Paris, 1953, p. 32 e ss).

A origem do poder, que para KANT é de todo insondável, para ROUSSEAU confirma o carácter originário e inalienável da soberania popular. Para ROUSSEAU, a soberania popular não se reduz à sua manifestação em fórmulas jurídico-estaduais. Se podemos designar por povo o conjunto dos indivíduos, não é menos certo que estes (para ROUSSEAU) continuam a ser individualmente cidadãos e, por isso, sujeitos de direitos e de deveres perante o Estado. Com efeito, o contributo deste Autor não é de modo nenhum menor para a configuração do que designamos habitualmente por Estado de Direito.

Naturalmente que num tema tão transcendente como este, não poderia faltar o contributo dos autores de língua alemã, nomeadamente sobre as três formas de soberania indagadas pelo pensamento político moderno – Estado, lei e povo.

Pensamos que um dos pensadores mais relevantes não deixa de ser GEORG JELLINEK (*Teoria General del Estado*, Buenos Aires, 1954, pp. 216 e ss e 327 e ss) que, tendendo a excluir uma evolução linear da soberania do príncipe para a soberania do povo, salienta que às três formas de soberania, antes aludidas, correspondem diferentes formas de organização do Estado. Regime monárquico, constitucionalismo liberal e democracia política são, assim, as três formas de organização institucional assumidas modernamente pelo Estado-territorial-representativo.

Depois vem KELSEN, cujo contributo, sem ser imune a alguma perplexidade, é o mais convincente na construção de uma interpretação historicamente orientada da categoria política de soberania. Reflectindo sobre os institutos do hodierno Estado de Direito, recusa--se a enquadrar o fenómeno do político nas malhas da categoria de soberania, mostrando os limites constitutivos das análises incidentes sobre o conceito de soberania.

Utilizada para colher os processos de construção do Estado--Nação ou para mostrar os percursos de juridicização da decisão política, a noção de soberania apresenta-se-lhe obsoleta e imbuída de um grande número de "pseudo-problemas". Precisa KELSEN, ao invés das abordagens tradicionais, que não existe soberania quando a vontade de *um* se transforma no *motivo* da vontade do *outro,* isto é, quando um domina o outro (88). Antes mesmo de SCHMITT, KELSEN faz ressaltar a forte analogia entre a técnica conceptual da teologia e a técnica da jurisprudência e, muito especialmente, a extraordinária semelhança entre a estrutura lógica do conceito de Deus e a estrutura do conceito de Estado (H. KELSEN, *Il problema della sovranità,* Milano, 1989, pp. 33 e 34). Comum a ambos, a existência de uma "causa" de que depende a ordem circundante, numa prefiguração de uma vontade que pode objectivar-se, indiferentemente, em qualquer contexto existencial.

Em extrema síntese, KELSEN rebela-se contra uma concepção teológico-laica de soberania, que não sabe explicar correctamente as relações entre Estado e Direito, decisão e norma. A consequência,

jurídica do interesse público ou mesmo o princípio da separação de poderes.

---

segundo KELSEN, é a de que o Estado vem pensado como tal, mesmo antes da criação do ordenamento jurídico (H. KELSEN, *op. cit.*, p. 66). Ignorava-se, portanto, que uma acção assume relevância estatal só quando vem juridicamente autorizada e qualificada por uma norma. Graças a uma visão formal do princípio da legalidade vem, assim, invalidada qualquer imagem de um poder como fundamento último, à revelia do Direito. KELSEN recorda que um poder juridicizado não é um poder em sentido próprio, mas uma mera competência, e que uma força juridicamente regulada deixa de ser força (H. KELSEN, *op. cit.*, p. 27).

Para KELSEN, não são os processos históricos que estruturaram e estruturam o Estado nacional. Para este Autor, não são relevantes para explicar a génese do conceito de soberania. O movimento não é o do Estado para o Direito, mas o inverso.

Porém, a relutância kelseniana em conceder a uma tipologia histórica das formas estatais (dotadas de específicas estruturas de governo) impede-o de manter bem definidos os contornos da noção de Estado de Direito. Como dissemos anteriormente, para KELSEN todo o Estado é um Estado de Direito (inclusive a monarquia absoluta), o que formalmente é exacto. Todavia, com esta asserção, enfatizando o que é comum, obscurece as diferenças reais de funcionamento das instituições políticas.

O Estado de Direito perde então, dir-se-á, a sua específica natureza jurídica democrática, que confere precisamente aos cidadãos pretensões juridicamente tuteláveis perante os poderes públicos.

Importa, todavia, para não se cometerem erros, compreender o postulado kelseniano, segundo o qual o Direito define apenas um autónomo sistema de normas.

Para fechar esta reflexão, não estamos convencidos que, sem cair nas noções de M. HAURIOU (*Précis Élémentaire de Droit Administratif,* , 5.ª ed., Paris, 1943, p. 17 e ss, e, especialmente, *Id. Principios de Derecho Publico y Constitucional,* 2.ª ed., Madrid, 1927, pp. 176 e ss e 245 e ss, com prólogo do Autor e estudo preliminar de C. RUIZ DEL CASTILLO), LAFERRIÈRE ou DUGUIT, o declínio da soberania nacional não tenha contribuído para a fragmentação do direito administrativo e a menoridade de um dos seus personagens principais – o interesse público.

Neste sentido, espreita o perigo de um contencioso neobarroco, completamente descerebrado do interesse público e da respectiva Administração pública.

Pondo de novo o discurso sobre o solo administrativo, nem sempre bastará à qualificação de interesse público a sua referência a interesses dirigidos à satisfação de necessidades próprias de uma colectividade na sua completude, mesmo que existam fortes probabilidades que assim seja [58].

Por outro lado, nada impede que o interesse público possa satisfazer uma exigência sectorial, ainda que as probabilidades diminuam neste caso. Se assim pensarmos, não é a amplitude da necessidade social e a sua pertinência à colectividade, ao Estado ou a outra qualquer pessoa colectiva pública, a oferecer um critério seguro para a qualificação do interesse público, o que, de certo modo, implica a superação das teses objectivista e subjectivista do interesse público [59].

Importa, se não estamos errados, procurar outra via para a solução do problema da identificação-qualificação do interesse público. O ponto central desta procura do interesse público estará, segundo cremos, na individualização do sujeito e do procedimento (acto) através dos quais o interesse público específico vem reconhecido e qualificado pelo ordenamento jurídico [60].

---

[58] Para uma distinção entre interesse público, interesses colectivos, interesses difusos e interesses individuais, cfr. COLAÇO ANTUNES, *A Tutela dos Interesses Difusos em Direito Administrativo...*, op. cit., pp. 29 e ss e 35 e ss. Sobre a noção de interesse colectivo, com refracções nos conceitos em análise, cfr. M. H.-THÉRON, "De l'intérêt collectif...", in *A.J.D.A.*, n.º 2, 1986, p. 65 e ss.

[59] M. SPASIANO, *op. cit.*, p. 564 e ss.

[60] Na esteira de GIANNINI, F. BASSI, "Brevi note sulla nozione di interesse pubblico", in *Studi in onore di Feliciano Benvenuti*, vol. I, Modena, 1996, p. 243 e ss. Na doutrina portuguesa,

Para nos aproximarmos do problema, importa dizer que a natureza jurídica do interesse público está umbilicalmente ligada ao poder-dever-direito fundamental da Administração prosseguir a *realização* de interesses vitais à comunidade [61], poder-dever-direito que é irrenunciável e imprescritível (art. 266.º/1 da C.R.P.). Não é igualmente despiciendo não perder de vista a concreta relevância de todo e qualquer interesse público. Partindo do pressuposto de que na raiz do interesse público está sempre uma necessidade relevante da sociedade, não parece fantasioso afirmar que é obrigação da Administração realizar os interesses públicos. A Administração pública é, assim, o instrumento utilizado pela ordem jurídica para a satisfação de tais interesses [62].

Embora óbvio, é oportuno ainda sublinhar que as múltiplas estruturas organizativas, funcionando coordenadamente na sua prossecução, desfrutam de competências e atribuições próprias, o que não é mais do que uma forma de repartir entre si o dever de cumprir os interesses públicos.

Se, portanto, a Administração encontra, na *realização* dos interesses públicos, o escopo da actividade administrativa (GIANNINI), parece difícil considerar que seja função da Administração proceder à *qualificação* do interesse público (primário) [63]. Se assim fosse, teríamos de admitir que é a própria Administração a decidir

---

ROGÉRIO SOARES, *Interesse Público, Legalidade e Mérito*, op. cit., p. 102 e ss.

[61] COLAÇO ANTUNES, *Para um Direito Administrativo de Garantia do Cidadão e da Administração...*, op. cit., p. 83 e ss.

[62] F. BASSI, op. cit., p. 244.

[63] F. BASSI, op. cit., p. 244.

o objecto da sua actividade, iludindo o seu carácter instrumental em relação à concreção de um objectivo pré--constituído. Tal significaria uma relativização inadmissível do princípio da legalidade, a caminho de uma escolha arbitrário-discricionária do interesse público pela Administração.

Se à Administração compete a prossecução do interesse público normativamente predeterminado, não resta outra possibilidade que não seja a de reconhecer que compete ao *legislador* e, portanto, *à lei,* à luz de critérios constitucionais, avaliar e qualificar, em primeira mão, a relevância de uma necessidade colectiva intensa como susceptível de integrar a noção jurídica de interesse público [64]. Segundo os cânones e princípios fundamentais de um Estado de Direito democrático (arts. 2.º e 9.º da C.R.P., entre outros), a conclusão a que chegamos não só é necessária como lógica.

Avançando um pouco mais na nossa tese (cuja simplicidade aparente encobre alguma profundidade, como se verá mais adiante quando falarmos das relações entre as vertentes normativa e funcional do interesse público), importa esclarecer que, quando afirmamos que a qualificação do interesse público específico é obra do legislador, utilizamos esta expressão em sentido amplo. Esta tarefa está, no essencial, fora do alcance da Administração, cuja estranheidade permanece em relação à escolha do objecto e ao escopo da respectiva actividade.

Posto isto, é chegado o momento de pontualizar que o relevante *não* é tanto o *sujeito,* mas o *instrumento* através do qual se chega à qualificação do interesse público

---

[64] F. BASSI, *op. cit.,* p. 245.

específico [65]. Por outras palavras, a qualificação de uma necessidade colectiva como interesse público não é tanto obra do legislador quanto da *lei,* daí a sua natureza intrinsecamente normativa. Por lei, nós entendemos lei em sentido material e não lei em sentido formal.

Em resumo, o que parece caracterizar o fenómeno que estamos a analisar é que a qualificação de um interesse como público é o resultado de uma operação normativa. O que releva é que um órgão investido de poder normativo, no respeito rigoroso de competência própria, considere seu dever qualificar como interesse público uma determinada necessidade ou exigência da colectividade [66]. Importa perceber, portanto, que, tal como o interesse público, também o poder público *pertence* ao ordenamento jurídico. É este que cria e legitima aquele.

É precisamente aqui que radica um dos maiores *equívocos* das teses subjectivistas do contencioso administrativo, porque, sem o dizerem, têm implícito, curiosamente, o conceito subjectivista de interesse público, como se este fosse pertença da Administração, de uma Administração autoritária, e não é, como vimos. O que está em confronto realmente não é o interesse da Administração e o interesse do particular, mas o confronto do interesse individual com o interesse público normativamente definido. De

---

[65] F. BASSI, *op. cit.*, p. 245.

[66] Como ficou dito, tal como o interesse público, o poder administrativo não pertence ao sujeito público mas ao ordenamento jurídico. Assim, G. BERTI, "Il rapporto amministrativo nella costruzione giuridica dello Stato", in *Scritti in onore di C. Mortati*, Milano, 1977, p. 309 e ss; veja-se ainda J.-L. AUTIN, "Réflexions sur la notion de puissance publique", in *St. par. pol. cost.*, n.os 117/118, 1997, p. 67 e ss.

resto, a admitir a primeira hipótese, tal significaria reconhecer que a forma normal de actuação da Administração seria a discricionaridade, e uma discricionaridade forte ou algo mais, e não é. Depois, o interesse público *concreto,* definido procedimentalmente, é já um interesse de síntese (resultante da ponderação dos interesses públicos secundários e dos interesses juridicamente protegidos com o interesse público primário previamente definido), pelo que o acto final, enquanto reepílogo do procedimento, é também ele já um acto de síntese, portanto, longe do acto autoritário e unilateral da Administração [67]. As teses subjectivistas do contencioso parecem esquecer tudo isto, com refracções patológicas nos procedimentos cautelares onde, por vezes, vem subentendido um igualitarismo (entre o interesse público e os interesses juridicamente protegidos dos particulares) assaz primário e perigoso [68]. O *Senhor* do interesse público é a lei e não a Administração.

Será oportuno evidenciar ainda que o conceito de interesse juridicamente protegido *(rechtlich geschütze Interesse)* não pode, por princípio, equiparar-se aos direitos subjectivos fundamentais (a sua relevância é, por regra, menor), como não pode confundir-se com o tradicional interesse legítimo (ficando este aquém do interesse legalmente protegido que, por força da Constituição e da crescente vinculação da actividade administrativa, se confunde, por vezes, com os direitos fundamentais), distinção que tem enormes refracções ao nível do contencioso admi-

---

[67] Cfr. COLAÇO ANTUNES, "Metaestabilidade e procedimento administrativo: o procedimento administrativo como forma de soberania popular", in *Est. Dir.,* n.º 11, 1993, p. 7.
[68] Cfr., sobre este ponto, J.-P. MARKUS, "Sursis à exécution et intérêt général", in *A.J.D.A.,* n.º 4, 1996, p. 251 e ss.

nistrativo, nomeadamente ao nível das acções de responsabilidade. A figura do interesse juridicamente protegido não pode, assim, representar toda a gama de situações jurídicas activas, nem se deve pretender igualizá-las axiológica e normativamente.

Se a Administração goza do poder de impor autoritariamente o interesse público, que prevalece sobre o interesse privado, também é verdade que o particular, para realizar o respectivo interesse, interfere na esfera jurídica da Administração, podendo até tocar a realização do interesse público específico.

Pensamos, assim, que a melhor compreensão da figura do interesse legalmente protegido passará (também) pela dupla interferência entre as esferas jurídicas da Administração e do particular. Creio que este caminho dogmático se pode revelar mais proveitoso do que aquele que, lembrando aparentemente tudo, esquece a complexidade da posição actual da Administração (e da sua relação com o cidadão), sendo que é precisamente o reconhecimento da primariedade da Administração, na prossecução do interesse público essencial, que abre as portas à configuração do direito (subjectivo) do particular ao correcto exercício do poder e até à respectiva tutela ressarcitória.

Por outras palavras, sendo o interesse público uma criação da lei, que é simultaneamente fonte dos direitos (e dos legítimos interesses) dos cidadãos, o controlo jurisdicional da actividade administrativa deixa de ser apenas um controlo objectivo de legalidade, para se converter igualmente numa forma de tutela directa das posições jurídicas dos particulares, na medida em que é a Lei, e não a Administração, a impor os termos da prevalência do interesse público sobre os interesses privados.

## 4. Interesse público e discricionaridade administrativa. O contributo relacional de GIANNINI

O problema da identificação e da concretização do interesse público (primário) é um velho problema ainda não definitivamente resolvido.

A actividade administrativa e, particularmente, a actividade discricionária, não pode, como se sabe, prescindir do fim, enquanto razão justificativa do agir administrativo. Isto quer dizer que a adequação de uma escolha a um fim pressupõe a correcta e prévia individualização do escopo, em ordem a permitir ao órgão administrativo desenhar as alternativas racionais consentâneas com o fim prefixado na lei. Ora isto coloca o problema delicado, a que procuraremos dar resposta, da determinação concreta do vínculo legal que, tratando-se de actividade administrativa discricionária, deverá coincidir com o interesse público primário. Isto é, daquele interesse público essencial (motivo primário) capaz de desencadear a produção do acto administrativo.

No passado, sabe-se que a doutrina, influenciada por sugestões privatísticas de matriz pandectística, tentou identificar voluntaristicamente tal interesse com o elemento causal do acto administrativo, entendido como negócio jurídico de direito público [69]. Este esforço

---

[69] Veja-se, entre nós, ROGÉRIO SOARES, *Direito Administrativo*, Coimbra, 1978, p. 55 e ss. A bibliografia sobre este ponto é extremamente abundante, pelo que se revelaria desnecessário e até inútil fazer-lhe referência. Veja-se, assim, U. FORTI, "I motivi e la 'causa' negli atti amministrativi", in *Foro it.*, III, 1932, p. 289 e ss; R. ALESSI, *Intorno ai concetti di causa giuridica, illegittimità, eccesso di potere*, Milano, 1934, p. 52 e ss, com a particularidade interessante de expor aberturas (antecipatórias) ao controlo jurisdicional dos motivos; cfr. também C. MORTATI, *La volontà e la causa nell'atto amministrativo e nella legge*, Roma, 1935, que se envolveu com GIANNINI

iniciático procurou explicar a formação e a manifestação de vontade do Estado e dos sujeitos públicos em relação ao vínculo teleológico previamente definido pela lei, vontade manifestada através de actos unilaterais da Administração. Põe-se também a questão de saber qual o conteúdo de tal vínculo, o interesse público, que, curiosamente, não era tomado em consideração na formação da decisão administrativa discricionária concreta.

Para esta doutrina, as circunstâncias de facto assumiam naturalmente um papel subalterno ao nível do elemento causal do acto, posicionando-se como meros pressupostos da declaração de vontade no processo volitivo do agente administrativo [70]. Esta brevíssima suspensão histórica permite evocar o acto administrativo como acto de vontade, cujos motivos consistem em representações psicológicas ou em circunstâncias factuais idóneas a estimular o processo de formação de vontade, ou, em última análise, na conjugação de ambas as coisas. De todo o modo, o elemento teleológico fazia parte do acto, como seu elemento constitutivo, como causa da sua produção [71].

As teorias causalistas representam, sem dúvida, a primeira aproximação ao processo de afirmação de uma noção concreta de interesse público, sendo que a causa do acto, entendida como razão suficientemente concreta da acção administrativa, deve coincidir com o interesse público prefixado abstractamente na lei. Porém, as limitações desta teoria são mais ou menos óbvias. A relação

---

numa dura disputa dogmática sobre o transcendente problema em análise.

[70] C. M. IACCARINO, *Studi sulla motivazione (con speciale riguardo agli atti amministrativi)*, Roma, 1933, p. 46 e ss.

[71] Sobre esta matéria, cfr. ROGÉRIO SOARES, *Interesse Público, Legalidade e Mérito*, op. cit., p. 152 e ss.

que intercede entre o acto e o interesse público plasmado na lei, não pode ser assegurada apenas pelo confronto de um dos elementos do acto com a prefiguração de um interesse (que, na actividade administrativa discricionária, compete à Administração prescrutar), mas da verificação de que a actividade desenvolvida pelo agente (administrativo) não se tenha desviado das normas que presidem ao correcto desenvolvimento da função administrativa [72]. Começa, assim, a desenhar-se um entendimento em que o interesse público não é tanto o fim do acto mas da actividade preordenada à sua emanação. Se o interesse público será sempre o fulcro da decisão administrativa, inicia-se, no entanto, o divórcio das representações psicológicas, acentuando-se igualmente uma valoração objectiva cujo centro tende a deslocar-se do acto para os seus momentos genético-procedimentais.

Com a teoria da discricionaridade administrativa, GIANNINI consuma a grande viragem, a começar pela exigência de concretização do vínculo do fim formalmente prefigurado na norma. Considerando que a actividade administrativa consiste na prossecução do interesse público definido pela lei, GIANNINI veio evidenciar a estreita relação que se estabelece entre a realização do interesse público e a discricionaridade administrativa [73]. Para GIANNINI, o aspecto central da discricionaridade administrativa está na procura da melhor modalidade

---

[72] E. CASETTA, "Attività e atto amministrativo", in *Riv. trim. dir. pubbl.*, 1957, p. 299 e ss.

[73] M. S. GIANNINI, *L'interpretazione dell'atto amministrativo e la teoria giuridica generale dell'interpretazione*, Milano, 1939, p. 273 e ss, e, mais recentemente, *Diritto amministrativo*, vol. II, Milano, 1993, p. 248.

possível de realização do interesse público primário normativamente definido [74]. Esta é a tarefa, dificílima aliás, da Administração, cuja escolha última e melhor só deverá poder ser uma e não uma qualquer (ainda que posssível ou até "legítima").

Na base da referida ligação está a constatação que a efectivação do interesse público postula e exige uma acção intelectiva e o desenvolvimento de um processo lógico, necessariamente prodrómicos à adopção do acto administrativo [75].

---

[74] Ainda que em boa companhia na doutrina italiana, não concordamos inteiramente com a interpretação de SÉRVULO CORREIA, *Legalidade Administrativa e Autonomia Contratual nos Contratos Administrativos,* Coimbra, 1987, p. 169, segundo a qual a discricionaridade (na teoria gianniniana) consistiria "na ponderação comparativa de vários interesses secundários com a finalidade de privilegiar um de entre eles em ordem à satisfação de um interesse primário".

A nosso ver, os interesses públicos secundários e respectiva ponderação ajudam à melhor realização-concretização do interesse público primário, não à sua definição. O que resulta da ponderação é o interesse público concreto e já não o interesse público essencial. A discricionaridade está na solução encontrada para o primeiro (interesse público concreto) e não para o segundo (interesse público primário). A competência e o profissionalismo do agente administrativo revela-se, portanto, fundamental para a exacta procura da melhor solução para o caso.

Poderíamos ainda argumentar que nos parece pouco verosímil ou até lógico que a individualização do interesse público primário se possa realizar através de uma ponderação comparativa de interesses secundários, permitindo, desta forma, o acesso de um deles à qualidade de interesse público essencial, quando este é "desconhecido", quando falta precisamente o elemento distintivo e ordenador dos interesses secundários.

O interesse público primário é o interesse-fim da função e não o objecto da ponderação procedimental.

[75] Para uma leitura recentíssima da discricionaridade em Giannini, cfr. F. G. SCOCA, "La discrezionalità nel pensiero di

É ensinamento desta insigne doutrina, a distinção entre interesse público em sentido formal ou abstracto, que reflecte a satisfação e cumprimento de uma necessidade qualificada (abstractamente) pela norma jurídica como pública, e interesse público essencial, isto é, o interesse indicado directamente pela norma ou dedutível indirectamente das atribuições e competências da entidade administrativa [76].

A relação entre interesse público e discricionaridade administrativa manifesta-se num duplo princípio, em que o interesse público é, por um lado, o *fim* da actividade administrativa e, por outro, o *limite* positivo do acto [77]. É com esta segunda tese de GIANNINI que a doutrina se separa cortantemente das teorias causalistas, mais preocupadas em explicar a incidência determinística do vínculo teleológico no processo de formação da vontade expressa no acto administrativo [78].

Na verdade, o desenvolvimento da premissa, segundo a qual a realização da lei, através do exercício da

---

Giannini e nella dottrina successiva", in *Riv. trim. dir. pubbl.*, n.º 4, 2000, p. 1045 e ss.

[76] Salvo melhor opinião, VIEIRA DE ANDRADE, "Interesse público", *op. cit.*, confunde interesse público primário com interesse público em sentido formal e abstracto ("interesse colectivo", "bem comum"), quando este tem, a nosso ver, uma conotação mais político--constitucional ou mesmo pré-constitucional. Ao invés, o primeiro apresenta-se como um interesse público específico jurídico-administrativamente definido (embora possa variar o seu grau de (in)determinação).

[77] M. S. GIANNINI, *Il potere discrezionale della pubblica amministrazione. Concetto e problemi,* Milano, 1939, p. 49.

[78] Para a doutrina gianniniana, a razão de uma determinada composição de interesses posta pela Administração está na lei (no vínculo) e não no acto.

actividade administrativa discricionária, consiste na concretização do interesse público normativamente fixado e qualificado, coloca um problema ainda não inteiramente resolvido. Trata-se de analisar e explicar com clareza o processo de interpretação e compreensão da norma e, assim, do mecanismo através do qual o intérprete pode definir, para o caso concreto, a margem de liberdade da Administração.

Se, para GIANNINI, o acto discricionário resulta vinculado à presença de interesses públicos preconstituídos, enquanto motivos juridicamente relevantes, tal não deixa de colocar o problema de saber como distinguir os motivos juridicamente relevantes daqueles que o não são, face a uma pluralidade de escopos, todos aparentemente dignos de tutela [79].

A prévia qualificação do interesse público essencial (primário) pela lei, da qual resulta o elemento vinculativo do acto, mesmo que discricionário, deveria ter permitido à doutrina atenuar a enorme relevância ainda hoje atribuída à liberdade de apreciação da Administração, esbatendo consequentemente as teses da reserva de poder discricionário. Muito do que se entende por discricionariedade, de facto não existe, se tivermos em conta que o problema está, fundamentalmente, em saber em *razão de quê* se deve (ou não se deve) agir e não *como* se deve decidir, questão a que nenhum preceito normativo dá resposta.

O ponto onde a doutrina gianniniana nos parece menos convincente, reside, se entendemos bem, na ideia de que o interesse público essencial surge de certo modo

---

[79] M. S. GIANNINI, *Lezioni di diritto amministrativo*, vol. I, Milano, 1950, p. 317 e ss.

como a síntese ou o resultado da ponderação entre interesses públicos secundários (concorrentes ou conflituantes) [80]. É que ordenar e compor uma série de interesses (públicos) secundários, em relação ao interesse público primário, pressupõe e exige primeiro o apuramento de critérios que regulem a referida ponderação e, sobretudo, a exacta identificação do interesse público essencial [81].

Ora acontece, face à porosidade ou indeterminação da norma jurídica, que a Administração goza de um poder discricionário considerável. Nestes casos, a solução só pode ser encontrada, a não ser que se pressuponha tal interesse primário, pela via interpretativa, que terá de ocorrer antes da tal composição de interesses (secundários). E assim sendo, não se pode deixar de pensar que o interesse público primário, enquanto fim concreto e vital do acto, não pode resultar do balanceamento comparativo de interesses secundários, públicos e privados. Este é um ponto determinante, porque se se adopta a outra hipótese, no sentido que a ponderação serve para determinar o peso dos vários interesses concorrentes, em obséquio à melhor solução para o caso concreto, o resultado será o de concluir que o interesse público primário é uma espécie de premissa arbitrária, uma vez que se dá como pressuposto que a lei indique a prossecução de um determinado interesse público essencial (que não vinha rigorosamente definido) [82].

---

[80] M. S. GIANNINI, *Il potere discrezionale...*, op. cit., pp. 64, 74 e ss.
[81] Cfr. M. S. GIANNINI, *Il potere discrezionale...*, op. cit., pp. 75 e ss e 87.
[82] Na doutrina portuguesa, sobre a distinção-relação entre interesse público primário e interesses públicos secundários,

Em síntese, a comparação, na ausência de uma individualização clara e exacta do interesse público primário é, podemos dizê-lo, fantasiosa [83]. Na verdade, não

---

ROGÉRIO SOARES, *Interesse Público, Legalidade e Mérito*, op. cit., pp. 99 e ss e 106 e ss.

A razão essencial da nossa incoincidência não ignora naturalmente a constatação de que a estrutura (e a actuação) da Administração actual é diversa, mais descentralizada, a que acresce o novo papel do procedimento como meio e lugar de ponderação dos interesses públicos secundários e dos próprios direitos e interesses legalmente protegidos dos cidadãos.

De todo o modo, o interesse público primário é, segundo cremos, um interesse normativo, fixado pela lei ou atribuído funcionalmente a uma autoridade administrativa, enquanto os interesses públicos secundários, embora tomados em consideração pela Administração, não constituem fins da actuação administrativa, mas elementos que ajudam a concretizar (proporcionalisticamente) o interesse-fim, o interesse primário. Cfr. M. S. GIANNINI, *Il potere discrezionale...*, op. cit., p. 79.

[83] Pensamos que esta pontualização é essencial para compreender a teoria da discricionaridade administrativa, nomeadamente para desvendar os equívocos da doutrina sucessiva que, apoiando-se na teoria do procedimento administrativo, acaba por confundir a ponderação inerente ao interesse público concreto com a ponderação do próprio interesse público essencial.

Aliás, é hoje evidente o mito da ponderação de interesses na actividade administrativa, particularmente no direito urbanístico, com especial ênfase para o plano, falando-se mesmo em *Estado da Ponderação*. Cfr. WALTER LEISNER, *Der Abwägungsstaat: Verhältnismäßigkeit als Gerechtigkeit*, Berlin, 1997, pp. 33 e ss, 174 e ss e 232. Em boa medida, trata-se, com tal entendimento, de mais uma forma de fuga para o direito privado, lugar por excelência de ponderação entre interesses de valor idêntico. No direito público, creio que a ponderação, por vezes confundida com o princípio da proporcionalidade, corre o risco de contribuir para o que alguns consideram um Estado privado de verdadeiros poderes de autoridade. Na verdade, o método ponderativo tem servido para subjugar o Estado e outras pessoas colectivas públicas a interesses egoísticos hegemónicos. Esclareça-se, não questionamos a sua validade dogmática, mas tão-só a sua

há poderação alguma, porque precisamente falta o critério iluminante da comparação – o interesse público primário.

Cremos que o interesse público (primário) ficaria muito diminuído (reflectindo já a nível legislativo um significado relacional e ponderativo), se pudesse finalmente emergir da justaposição ponderada de outros interesses, também eles relacionais e necessitados de um parâmetro de comparação.

Se se admite que o momento de individualização do interesse público essencial não é o resultado de um esforço ponderativo, nem, por conseguinte, de um poder discricionário, não é, então, líquido que toda e qualquer apreciação administrativa seja directamente dirigida à determinação do conteúdo final do acto, coincidente com a formulação da solução posta pela escolha efectuada.

Em síntese, se o nosso pensamento estiver certo, a Administração (e depois o juiz) deve aclarar previamente, no âmbito da concreta previsão legal, o interesse público essencial ou primário, enquanto critério objectivo e juridicamente relevante da sua actuação. O que vem ponderado são os interesses públicos secundários e os interesses privados, não o interesse público primário. Este resulta da norma a interpretar e a aplicar, servindo os processos ponderativos, não para individualizar o interesse público primário, mas tão-só para relativizar proporcionalisticamente o valor e o peso do interesse público específico correctamente contextualizado [84].

---

eficácia plurisubjectiva no estado actual das coisas e o *alcance mágico* que alguma doutrina lhe atribui e reconhece.

[84] Recorde-se que a novidade destas linhas não está tanto na sua originalidade, como na necessidade de relembrar o que já foi dito por alguns, poucos, e que agora corre o sério risco de sucumbir ao esquecimento. Se o conseguirmos, dar-nos-emos por satisfeitos.

Importa agora ver qual o relevo dos factos, dos pressupostos de facto, para a percepção e concretização do interesse público essencial ou primário [85].

É nossa opinião que não é inevitável a relação entre apreciações factuais e poder discricionário, numa linha de reserva da Administração. Importa, assim, abandonar uma concepção formalista, segundo a qual tudo o que não é referido pela norma não seria susceptível de interpretação sistemática, analógica ou mesmo teleológica [86]. Ao invés, julgamos que a compreensão da norma jurídica passa por uma correcta percepção dos factos, constem ou não da previsão legal, correndo-se o risco, a não ser assim, de deixar inaplicada a norma ao caso concreto.

A própria concretização, senão mesmo individualização, do interesse público essencial, face à vaguidade e indeterminação do texto normativo, exige o confronto com os factos conaturais ao caso. Precisando melhor, os factos, não indicados pela norma jurídica, são não só essenciais à própria determinação de interesse público primário, como ajudam a esclarecer a *razão jurídica* detonadora do agir e da decisão administrativa [87]. Factos que são igualmente importantes para a revelação ou manifestação dos interesses secundários, públicos ou privados, se se quiser ultrapassar a ideia da restrita unilateralidade do inte-

---

[85] Retomamos aqui, de novo, a tese por nós sustentada desde 1994-96, COLAÇO ANTUNES, *O Procedimento Administrativo de Avaliação de Impacto Ambiental* ..., op. cit., p. 241 e ss, esp. p. 266 e ss.

[86] Distanciamo-nos, portanto, do ensino clássico de AFONSO QUEIRÓ, *O Poder Discricionário da Administração*, Coimbra, 1944, p. 216 e ss.

[87] Cfr. ROGÉRIO SOARES, *Interesse Público, Legalidade e Mérito*, op. cit., pp. 179 e ss, 230 e 231.

resse público essencial e, consequentemente, do acto administrativo.

Se, do ponto de vista do controlo contencioso-jurisdicional, se tiver em conta apenas o facto, entendido como pressuposto normativamente prefixado, tal poderá conduzir ao regresso às criações iusprivatísticas, ainda subrepticiamente subsistentes, dos vícios da vontade [88] e, assim, às disputas sobre a recondução do erro de facto aos vícios de desvio de poder ou violação de lei, subjectivamente entendidos, o que, em última instância, tem contribuído para reduzir o controlo jurisdicional da actividade discricionária.

Neste quadro, creio que *hoje* o conceito de vínculo teleológico, no duplo sentido definido por GIANNINI, de fim normativamente fixado e limite externo de validade do acto, ganha um novo sentido. É que o interesse público primário, como elemento causal da função administrativa e consequentemente do acto, não está agora *só*, no sentido de que também os interesses secundários contribuem para desencadear o acto administrativo e a cuja identificação a Administração chega através da selecção dos factos determinantes para chegar ao interesse público concreto. Os factos constantes da *previsão real e factual,* não só assumem relevo jurídico autónomo como contribuem para completar e identificar o interesse público essencial e, logo, o elemento causal da decisão administrativa [89],

---

[88] Cfr. FREITAS DO AMARAL, *Direito Administrativo,* vol. III, Lisboa, 1989, pp. 313 e ss e 316 e ss. Veja-se ainda MARCELLO CAETANO, *Manual de Direito Administrativo,* vol. I, 10.ª ed., Coimbra, 1980, pp. 491 e ss e 501 e ss.

[89] No que toca à relação entre discricionariedade e pressupostos de facto, cfr. M. S. GIANNINI, *Lezioni di diritto amministrativo, op. cit.,* p. 322 e ss.

contribuindo para "responsabilizar" jurisdicionalmente a Administração pública.

A discricionaridade na captura e valoração dos factos só subsistirá se se entender que tais operações têm relação directa ou indirecta com a escolha operada pela Administração, no sentido de maximizar o interesse público primário [90]. Importa, todavia, não esquecer que a procedimentalização da actividade administrativa, bem como o recurso aos princípios consignados no artigo 266.º/2 da C.R.P., veio, em boa medida, retirar tal liberdade de apreciação à Administração, comprimindo normativa e empiricamente a sua liberdade de escolha [91].

De todo modo, a existir algum espaço de apreciação dos factos, ele terá sempre (inevitavelmente) uma relação fundamental com a definição e concretização do interesse público normativamente posto, pelo que, na pior das hipóteses, o intérprete e o juiz sempre poderão recorrer ao controlo contencioso directo, através do vício de violação de lei, ou indirecto, recorrendo ao desvio de poder objectivamente entendido. Não creio, assim, que tenha sentido distinguir entre factos verdadeiros ou falsos ou entre factos opináveis e não opináveis. Os factos são ou não são [92].

---

[90] Cfr., num tom não inteiramente coincidente, ROGÉRIO SOARES, *Interesse Público, Legalidade e Mérito*, op. cit., p. 226 e ss. Veja-se também GOMES CANOTILHO, *Fidelidade à República ou Fidelidade à Nato? (O problema das credenciações e o poder discricionário da Administração Militar)*, Separata do n.º especial do B.F.D.U.C. – *Estudos em Homenagem ao Prof. Doutor Afonso Rodrigues Queiró*, Coimbra, 1987, p. 49 e ss, bem como as referências bibliográficas aí expostas.

[91] Cfr. COLAÇO ANTUNES, *O Procedimento Administrativo de Avaliação de Impacto Ambiental ...*, op. cit., p. 269 e ss.

[92] C. MARZUOLI, *Potere amministrativo e valutazioni tecniche*, Milano, 1985, p. 154.

Concluindo, o apuramento exaustivo dos factos significativos ou determinantes, o que é já um limite do poder discricionário, passará sempre pela interpretação (e aplicação) da norma especificadora do interesse público essencial e atributiva do poder administrativo, funcionando tal ou tais factos como situação significante do preceito normativo e elemento causal da função administrativa.

Se a aplicação da norma constitui um momento da sua interpretação e se a aplicação é, por sua vez, um momento capital da individualização do seu conteúdo através dos factos, então a identificação-concretização do interesse público primário não pode deixar de ser, no essencial, o resultado de uma actividade interpretativa procedimentalmente enriquecida.

O que quisemos evidenciar é que a identificação e qualificação do interesse público primário, apesar do seu carácter multiforme, não pode resultar do esforço procedimental ponderativo, sendo antes uma questão *prejudicial*. A individualização do interesse público essencial não pode resultar da contaminação (ponderativa) de outros interesses secundários, públicos ou privados, porque se assim fosse não existiria autêntica ponderação, uma vez que faltava precisamente um dos pilares ou termos essenciais da comparação – o interesse público primário [93]. A ponde-

---

Sobre a teoria da *indeterminação dos factos,* de extracção germânica, e respectiva crítica, COLAÇO ANTUNES, *O Procedimento Administrativo de Avaliação de Impacto Ambiental...*, op. cit., esp. p. 135 e ss.

[93] Provavelmente, uma das causas deste equívoco estará na redução (confusão) do princípio da proporcionalidade ao princípio da ponderação, que é apenas um instrumento auxiliar do primeiro. Tal é, a meu ver, o perigo que corre o direito urbanístico e a sua planificação, onde uma ponderação desigualitária inquina frequentemente o resultado do plano. Daí a relevância e a autonomia do princípio da

ração serve para conferir proporcionalidade e razoabilidade à função administrativa, não para achar ou definir o interesse público tipificado na lei. O que está em causa, com a referida ponderação, é a sua relativização proporcionalística (art. 266.º da C.R.P. e arts. 4.º e 5.º/2 do C.P.A.) na sua aplicação concreta.

Depois, os factos determinantes, até porque reveladores de interesses dignos de tutela, devem ser adquiridos e valorados segundo juízos de relevância de natureza normativa-interpretativa, em conexão com a melhor realização possível, em sentido proporcionalístico, do interesse público essencial [94].

O nosso discurso tem sentido à luz do entendimento que vê a discricionariedade "vinculada" ao dever de encontrar a melhor solução possível para o caso concreto e não à possibilidade de escolha, entre várias, possíveis e legítimas soluções [95].

Se, como ensina GIANNINI, a discricionariedade administrativa deve servir a melhor realização do interesse público (essencial), não deixamos de advogar, contracorrente, a iminente necessidade de fixar crescente e autoritariamente o vínculo teleológico.

Em síntese, a consideração dos interesses públicos secundários e dos legítimos interesses dos particulares deve servir para conferir razoabilidade, proporcionalidade

---

proporcionalidade como elemento corrector do subprincípio da ponderação.

[94] Sobre este ponto, cfr. S. RIALS, *Le Juge Administratif Français et la Technique du Standard (Essai sur le traitement juridictionnel de l'idée de normalité)*, Paris, 1980, p. 273 e ss.

[95] M. S. GIANNINI, *Il potere discrezionale...*, op. cit., p. 69. Esta é, segundo nós, a posição do Autor, ao contrário do que sustenta F. G. SCOCA, op. cit., p. 1049, nota 14.

e justiça à solução administrativa, mas nunca para definir e qualificar e muito menos para compor o interesse público primário [96]. Este escapa ao processo ponderativo, na medida em que é fixado directa ou indirectamente pelo legislador ao definir as atribuições e competências dos órgãos administrativos, numa acentuação igualmente pertinente da dimensão organizativa do interesse público [97].

No fundo, não estamos longe da recondução do grande problema do direito administrativo – a discricionaridade administrativa – à questão da interpretação-normativo-intelectiva, amparada pela natureza proporcionalística da função administrativa, numa manifesta rebeldia ao ensinamento do saudoso GIANNINI, em cuja doutrina se reconhece, como um dos méritos essenciais, precisamente o de ter separado estes dois momentos (actividade interpretativa e actividade discricionária) [98]. Como também não concordamos com a recondução, em sentido inverso,

---

[96] Pontualizando um pouco mais. A haver composição (e deve haver) ela reporta-se ao interesse público *concreto,* mas por força do papel (procedimental) reconhecido aos interesses públicos secundários e não tanto dos interesses dos particulares, cuja função essencial é de conferir razoabilidade e proporcionalidade à decisão administrativa. Isto é, permitir o menor sacrifício possível das pretensões dos cidadãos. Papel diferente devem ter os chamados interesses difusos, na medida em que, enquanto coincidentes com o interesse prosseguido pela Administração, concorrem, também eles, para compor o interesse público concreto.
[97] Para M. S. GIANNINI, *Diritto amministrativo,* II, *op. cit.,* p. 48, os interesses secundários podem, todavia, atenuar ou reforçar o interesse público primário e até impedir a sua realização. Esta construção teórica assentava no modelo de organização administrativa então vigente, em que cada órgão actuava em absoluta solidão sem ter em consideração os interesses públicos concorrentes de outros entes administrativos.
[98] Assim, F. G. SCOCA, *op. cit.,* p. 1053.

da problemática dos conceitos indeterminados à discricionaridade administrativa.

A nossa tese é simplesmente esta: a discricionaridade administrativa – como liberdade de escolha entre várias soluções, todas igualmente "legítimas" – normativa e procedimentalmente não existe ou, pelo menos, está substancialmente encurtada. O que existe é *uma* forma, por excelência proporcionalística, da função administrativa – vinculada no princípio, fim legal, no meio, através do procedimento, e, na fase terminal, na decisão final, que não deve ser mais que o reepílogo do esforço interpretativo e procedimental [99].

Apenas em certos domínios a discricionaridade surge na sua plenitude, como no urbanismo, com a sua planificação faraónica, onde vistosamente cavalgam os interesses privatísticos mais grosseiros. De resto, é uma excelente invenção que serve para ocultar a ponderação de pressões ilegítimas, inquinando patologicamente o interesse público primário [100].

E se não há discricionaridade administrativa no sentido antes referido (enquanto liberdade de escolha), há ainda menos poder discricionário. A existir, este está fundamentalmente na escolha dos meios para realizar o interesse público. Este poder é, porém, um poder essen-

---

[99] A discricionaridade será, quando muito (concedemos), uma espécie de *reserva de prudência* concedida pela lei à Administração para valorar as situações concretas. Mas também aqui, é a Lei que lhe outorga o poder discricionário e o ordena para fins públicos concretos, regulando, inclusive, a competência e o procedimento específico para o seu exercício. Assim, GARCÍA DE ENTERRÍA, "La administración pública y la ley", in *Rev. Esp. Der. Adm.*, n.º 108, 2000, p. 570.

[100] É uma tese que não posso aqui desenvolver, mas que em breve poderei demonstrar.

cialmente técnico [101] e, a haver discricionaridade, também o é cada vez menos do ponto de vista da tutela processual, face ao princípio da tutela jurisdicional efectiva (arts. 20.º e 268.º/4 da C.R.P.). O que existe e permanece é a discricionaridade legislativa [102], com o limite da liberdade constitutiva do legislador ordinário se encontrar também aqui previamente vinculada à determinação dos interesses públicos pela Constituição.

Aliás, desde a problemática da "jurisprudência dos interesses", a procura do significado do comando legislativo não pode ignorar a história dos interesses, numa clara tentativa de superar o entendimento formalista da doutrina hermenêutica objectiva. Interesses que relevam materialmente como causa e como objecto da escolha legislativa [103].

Importa, assim, pontualizar que a consideração dos interesses não constitui apenas um *prius* da norma, dado que o legislador tem presente na fase de formação

---

[101] Outro dos legados da doutrina gianniniana foi a distinção entre discricionaridade administrativa e discricionaridade técnica, ainda que frequentemente a "escolha" discricionária pressuponha uma prévia valoração técnica, cujo resultado redunda na vinculação da decisão administrativa.

[102] ROGÉRIO SOARES, *Interesse Público, Legalidade e Mérito*, op. cit., p. 100, e, mais tarde, em *Direito Público e Sociedade Técnica*, op. cit., pp. 154 e 183, onde mantém a tese afirmada em 1955, mas agora matizada em função dos limites e garantias constitucionais.

Sobre o problema da discricionaridade legislativa, veja-se a obra notável (mas igualmente sofredora de certo esquecimento) de GOMES CANOTILHO, *Constituição Dirigente e Vinculação do Legislador (Contributo para a compreensão das normas constitucionais programáticas)*, Coimbra, 1982, p. 219 e ss.

[103] K. LARENZ, *Storia del metodo nella scienza giuridica*, Milano, 1966, p. 71 e ss.

da norma e se mantém posteriormente no momento de determinar o seu conteúdo. Neste sentido, os interesses e a sua valoração formam um critério, constitucionalmente orientado, de interpretação da lei de todo relevante.

Não se trata, porém, de criar, atendendo ao método histórico-evolutivo, uma nova norma, mas tão-só de fornecer uma nova interpretação da velha. Isto não é um mero jogo de palavras ou uma dispensável hipocrisia, antes comporta consequências notáveis para o tema em análise.

Por tudo isto, apesar de alguma incoincidência (porventura errónea), não é difícil intuir quanto há de prodigioso na construção dogmática oferecida por um jovem italiano de vinte e quatro anos.

Contudo, a doutrina portuguesa, salvo raras excepções, tem optado por se concentrar essencialmente na distinção entre discricionaridade e conceitos jurídicos indeterminados, descurando o ensinamento de GIANNINI da centralidade da relação entre discricionaridade e interesse público [104].

---

[104] Têm-se mantido, assim, as influências francesa e alemã, quando é certo que na Alemanha tem ganho relevo ultimamente uma concepção ampla de discricionaridade, com relevo para a indeterminação dos pressupostos de facto. Cfr. SCHMIDT-AßMANN, *Das allgemeine Verwaltungsrecht als ordnungsidee,* Berlin, München, Heidelberg, 1998, esp. p. 197 e ss.

Para a doutrina francesa, entre outros, R. CHAPUS, *Droit Administratif Général,* I, *op. cit.,* p. 948 e ss; G. VEDEL / P. DEVOLVÉ, *Droit Administratif,* I, Paris, 1992, p. 528 e ss, e, recentemente, J.-M. WOEHRLING, "Le contrôle juridictionnel du pouvoir discrétionnaire en France", in *Potere discrezionale e controllo giudiziario,* coord. V. PARISIO, Milano, 1998, p. 23 e ss.

## 5. Em jeito de reepílogo

Assinala-se, primeiramente, que os confins definitórios do interesse público surgem hoje redesenhados pelas próprias limitações do exercício da soberania, cuja titularidade se tem fraccionado a montante e a jusante.

Depois, a tendência para a privatização crescente do direito administrativo, a que não é indiferente o primado do direito comunitário, comporta várias consequências:

a) em variadíssimas áreas nota-se a tendência para não traduzir em interesses públicos outros tantos interesses comuns, privilegiando-se, para o efeito, a livre iniciativa privada e o seu direito;

b) nos domínios em que se mantém o interesse público, este nem sempre dá lugar a uma intervenção pública total, limitando-se, frequentemente, à mera regulação;

c) por fim, regista-se uma sensível alteração no modo da Administração pública prosseguir o interesse público, cujo desenlace final parece adivinhar-se na própria negociabilidade do acto administrativo [105].

Em resumo, não parece excessivo sustentar-se que o interesse público, se não está ferido de morte, vive tempos difíceis.

Na verdade, a "reserva" do interesse público tende a reduzir-se fortemente.

---

[105] Veja-se, originantemente, o artigo 11.º da Lei italiana sobre o procedimento administrativo, onde se dispõe (art. 11.º/1) que a Administração, sem prejuízo dos direitos de terceiros e da prossecução do interesse público, pode estabelecer acordos com os interessados por forma a determinar o conteúdo discricionário do acto administrativo ou mesmo a sua substituição.

A nível político-legislativo, o interesse público é cada vez menos objecto de decisões relativas ao bem comum. A lei, com o impulso de sucessivas revisões constitucionais, tende a diminuir a necessidade de uma intervenção clássica da Administração pública, em claro favor das designadas autoridades (entidades) administrativas independentes ou mesmo dos sujeitos do mercado [106].

No que tange à actividade administrativa, é igualmente indiscutível a tentação de contratualizar, com refracções ao nível do próprio direito ordenador do agir administrativo.

Ao nível da justiça administrativa, o perigo é o de esta se converter num adolescente *rendez-vous manqué*, mas nunca numa *haute couture* das garantias fundamentais do cidadão e do interesse público. Em suma, o fascínio pela *intuition de l'instant* (BACHELARD).

A realidade é conhecida, pelo que não exige grandes desenvolvimentos. O que talvez merecesse pública reflexão é, afinal, saber se este é o caminho seguir.

Se o interesse público vai buscar as suas raízes ao *bem comum,* ao interesse de todos, porquê toda esta apatia? Pela minha parte ofereço uma explicação simples: a manifesta impotência da Constituição e do Estado impedirem a ditadura (com perda da pluralidade) do económico e dos seus interesses, e até do seu direito, sobre o Estado,

---

[106] Nalguns casos, aponta-se mesmo para a dissolução do modelo hierárquico de Administração, num processo de autonomização (*Verselbständig*) baseado numa rede de entidades (unidades) administrativas independentes (*Verselbständigte Verwaltungseinheiten*). Veja-se H. DREIER, *Hierarchische Verwaltung im demokratischen. Genese, aktuelle Bedeutung und funktionelle Grenzen eines Bauprinzips der Exekutive,* Tübingen, 1991, p. 57 e ss.

a Administração e o próprio cidadão – anestesiado por políticas simbólicas e uma retórica hipergarantística tão inconsequente como fantasiosa.

# ESBOÇO DE UMA TEORIA DAS PARTES NO PROCESSO ADMINISTRATIVO. LÓGICA DE PIRANDELLO OU COMPLEXO DE SÍSIFO DO CO-INTERESSADO?

> "Caminante, no hay camino,
> Se hace camino al andar"
> ANTONIO MACHADO

1. O ponto de partida destas notas reflexivas é a constatação de que não existe, entre nós, uma teoria (completa) das partes no processo administrativo. Sem perda de tempo, para início de discursividade, como critério iluminante, o princípio da tutela jurisdicional efectiva (arts. 20.º e 268.º/4 da C.R.P.) não pode ser obviamente indiferente à relação processual. Cremos mesmo que este princípio pode e deve potenciar o surgimento de novas partes necessárias em sentido processual, mas também substancialmente entendidas.

Haverá outras partes necessárias, para além das que "tradicionalmente" são consideradas partes principais em sentido formal – recorrente(s), administração ou administrações, no caso de actos complexos, e até o eventual contra-interessado(s)? Cremos que sim, sendo objectivo destas breves anotações tentar demonstrar a tese afirmativa, sendo que a nossa atenção vai especialmente dirigida aos co-interessados, uma vez que aos contra-interessados tem sido reconhecido um estatuto processual privilegiado [1].

De entre as várias teorias, a que melhor enfrenta o problema parece ser a que se funda no critério dos interesses juridicamente protegidos tocados substancialmente pelo exercício da função administrativa [2]. Vemos, também aqui, a relação procedimento-processo administrativo como um vector essencial de densificação da tutela judicial efectiva dos direitos e dos interesses dos cidadãos [3].

Diferentemente do critério subjectivo, intrinsecamente limitado à individualização dos sujeitos mínimos da relação processual, o critério procedimental permite uma visão ampla e completa dos interesses substanciais (e dos seus sujeitos) presentes no procedimento administrativo. O procedimento como antecâmara da tutela judicial e da relação processual.

Em síntese, todos os direitos e interesses objectiva e subjectivamente afectados pelo(s) acto(s), no exercício da função administrativa, devem poder estar presentes no processo, a fim de permitirem a sua efectiva tutela e uma exacta identificação e realização do interesse público.

---

[1] Assim, RUI MEDEIROS, "Estrutura e âmbito da acção para o reconhecimento de um direito ou interesse legalmente protegido", in *R.D.E.S.*, Ano XXXI, n.ºs 1/2, 1989, p. 33, que aponta para a sua maioridade processual, enquanto VIEIRA DE ANDRADE, *A Justiça Administrativa (Lições)*, 3.ª ed., Coimbra, 2000, pp. 216 e ss e 223, sustenta a opinião mais temperada de partes quase-necessárias.

[2] STICCHI DAMIANI, *Le parti necessarie nel processo amministrativo*, Milano, 1988, p. 116 e ss.

[3] Cfr., recentemente, SÉRVULO CORREIA, "Impugnação de actos administrativos", in *Cadernos de Justiça Administrativa*, n.º 16, 1999, p. 11 e ss.

Referimo-nos, aqui, particularmente ao velho mas actual *recurso contencioso de anulação*, para além das diferenças de regime processual para que aponta o artigo 24.º da L.P.T.A., em função do contencioso de anulação dos actos locais e dos actos da Administração estatal. Daí, aqui e ali, um registo algo prospectivo.

2. As partes, como se sabe, são os sujeitos do processo (administrativo), havendo que distinguir entre partes principais ou necessárias e partes acessórias. Com efeito, à noção de parte em sentido formal pode não corresponder a noção de parte em sentido substancial [4]; "justas partes", dir-se-á de um processo que se quer também justo, resultantes da legitimidade para agir e contraditar.

Como se deve saber também, a noção de parte não se confunde com o sujeito da relação substancial deduzida em juízo, nem pode ser confundida com a legitimidade para agir e para contraditar e ainda menos com a "titularidade da acção" tendente a obter uma pronúncia de mérito que acolha a pretensão do autor. Do mesmo modo, ainda se pode distinguir a "acção" em sentido formal e abstracto, da "acção" entendida como aspiração a uma decisão de fundo ou da acção em sentido substancial [5].

Entre as partes necessárias (quase-necessárias dirão alguns), assumem relevo os *contra-interessados*, isto é, os sujeitos que, tirando benefício do acto administrativo impugnado, têm interesse na sua conservação em vida e, portanto, tendem a resistir ao recurso contencioso

---

[4] MANUEL DE ANDRADE, *Noções Elementares de Processo Civil*, Coimbra, 1976, pp. 75 e 76.
[5] A. M. SANDULLI, *Il giudizio davanti al Consiglio di Stato e ai giudici sottordinati*, Napoli, 1963, p. 277.

proposto pelo(s) demandante(s). A sua posição é, em princípio, naturalmente antitética e contraposta à do recorrente [6]. Se este tende a obter a demolição anulatória do acto, removendo da sua esfera jurídica a lesão causada pelo acto, já os contra-interessados, no intuito de evitar uma lesão *in fieri* (resultante do eventual provimento do recurso), têm todo o interesse em manter válido e eficaz o acto impugnado.

Pode, contudo, verificar-se que o contra-interessado, devidamente identificado (art. 36.º/1/b) da L.P.T.A.), em vez de resistir, ataque o acto baseado em aspectos e motivos diferentes dos do recorrente (art. 54.º da L.P.T.A.), por forma a frustrar e a anular a posição jurídica deduzida em juízo e os efeitos pretendidos por este. Por outro lado, se não tiver sido citado (oportunamente), deve-lhe ser dada a possibilidade de neutralizar os previsíveis efeitos desfavoráveis resultantes da sentença anulatória, uma vez que o limite de admissibilidade do recurso incidental deve repousar na natureza substancial do interesse e não tanto como o contra-interessado se posiciona em relação ao acto impugnado ou mesmo à diligência do recorrente principal. Como poderão ainda recorrer da revogação do acto recorrido (art. 47.º da L.P.T.A.). Como ainda a nova acção para determinação da prática de acto administrativo legalmente devido (art. 268.º/4 da C.R.P. e art. 82.º e ss do AP. – C.P.T.A.) não deixará de revitalizar a posição processual de terceiros.

Em bom rigor, poder-se-ia até sustentar, com verosimilhança, que o recurso é dirigido conjuntamente contra a Administração (ou, mais exactamente, contra o

---

[6] Veja-se a colocação clássica do problema em E. GUICCIARDI, "Sulla nozione di controinteressato", in *Giur. it.*, III, 1948, p. 101.

órgão administrativo) e o contra-interessado ou até que a verdadeira contraparte substancial não é tanto o órgão que praticou o acto mas o contra-interessado [7]. Com efeito, numa sociedade pluriconflitual, onde a função administrativa tem, cada vez mais, um papel de *ponderação de pressões* (e não tanto o de ponderar legítimos interesses), o recurso contencioso, sendo formalmente dirigido contra a Administração, é substancialmente direccionado contra o particular privilegiado pelo acto administrativo, pelo que o ataque do recorrente tem que passar previamente pela perfuração do acto [8]. Ponto de vista que tem as suas refracções em *matéria cautelar,* uma vez que o destinatário do acto não pode deixar de se confrontar com o maior beneficiário da decisão, sendo que o receptor do benefício mais intenso (ou que é o beneficiário real do acto) coincide normalmente com o que é mais penalizado pela suspensão da eficácia do acto [9]. Em resumo, parece-nos que se o requisito de admissibilidade do pedido de suspensão (citação dos contra-interessados) coincidisse com o da

---

[7] Isto é particularmente pertinente, ainda que possa parecer paradoxal, na acção popular, face à sua configuração substantiva e processual (Lei n.º 83/95, de 31 de Agosto, arts 1.º e ss e 12.º e ss), bem como à natureza poligonal da relação jurídico-administrativa e à natureza dos interesses e direitos em causa.

[8] Cfr. F. SPANTIGATI, "L'interesse pubblico di fronte al giudice in un processo di parti", in *Giur. it.,* IV, 1989, p. 170 e ss. Em boa verdade, frequentemente o co-interessado é a Administração e o beneficiário do acto a verdadeira parte necessária. É por esta e por outras razões que se pode explicar a tese de que o recurso é uma acção. Mudada a natureza da pretensão do recorrente, é alterada a natureza do recurso (que passa a acção) e, mudada a natureza do recurso, é alterada a natureza do processo.

[9] Cfr. F. PUGLIESE, "Le ragioni del controinteressato nell'evoluzione della tutela cautelare", in *Dir. proc. amm.,* n.º 3, 1988, pp. 414 e 415.

admissibilidade do recurso (e não creio que seja assim), no processo cautelar tal requisito só deverá subsistir se o contra-interessado *principal* tiver sido identificado no pedido. Pelo menos aqui, o critério da *indiferença,* relativamente aos destinatários da citação (que parece verificar-se no processo principal), não pode subsistir (arts. 77.º/2 e 78.º da L.P.T.A.) [10].

Estas situações são já reveladoras das limitações do posicionamento canónico do contra-interessado (e até do co-interessado), enquanto parte processual. Como intuímos, no recurso contencioso de anulação pode não haver lugar apenas ao litisconsórcio necessário passivo entre a autoridade recorrida e os contra-interessados, nem este se resume aos casos de actos complexos.

Por outro lado, como facilmente se adverte dos acanhados prazos do recurso (art. 28.º e ss da L.P.T.A.), nem sempre é fácil identificar atempadamente todos os interessados na manutenção do acto impugnado [11] e, portanto, dispostos a contrariar a pretensão do recorrente, ainda que a falta ou o erro na indicação da identidade e residência dos contra-interessados não determinem, em princípio, a rejeição automática do recurso (por ilegitimidade passiva) [12], nos termos dos artigos 36.º/1/b)

---

[10] Veja-se, com interesse, ainda que de tese discutível, o Acórdão do S.T.A. de 20/12/94, P. 36 496 ou, mais recentemente, os Acórdãos do S.T.A. de 3/10/96, P. 37 933, e, de 4/2/98, P. 43 441.

[11] Devendo, em certos casos, recorrer-se à publicação, nomeadamente por via telemática, quando estejamos perante os chamados *Massenverfahren,* problema que atinge também os co-interessados. Sobre o tema, cfr. COLAÇO ANTUNES, *A Tutela dos Interesses Difusos em Direito Administrativo. Para uma Legitimação Procedimental,* Coimbra, 1989, p. 96 e ss.

[12] Cfr. FERREIRA PINTO/GUILHERME DA FONSECA, *Direito Processual Administrativo. Contencioso (Recurso Contencioso, Breves Noções),* 2.ª ed., Porto, 1992, pp. 71 e 72.

e 40.º/1/b) da L.P.T.A. (13). Assim, talvez se devesse apontar para uma melhor coordenação do recorrente e do juiz administrativo (que não se pode esquecer dos actos do procedimento), por forma a evitar que a citação dos contra-interessados (art. 49.º da L.P.T.A.) se possa fazer na base de pressupostos meramente formais, fazendo depender o litisconsórcio necessário no processo administrativo do modo de formulação dos actos objecto de impugnação e da respectiva petição. Neste sentido, o legislador não deve desperdiçar a oportunidade (AP. – C.P.T.A., arts. 24.º, 26.º, 46.º e 47.º – que nos parecem elaborados segundo uma lógica processual algo evolutiva) de consagrar mecanismos (14) que permitam uma integração temporalmente adequada e oportuna dos contra--interessados (e mesmo dos co-interessados) – na linha de um processo justo e equitativo – sem comprometer a agilidade e a oportunidade do recurso por parte do recorrente. Mais uma vez, o papel do juiz pode revelar-se

---

(13) Sobre o delicado problema da delimitação e qualificação dos contra-interessados, como causa de (i)legitimidade passiva, vejam-se os Acórdãos do S.T.A. de 6/5/93, P. 25 146, de 9/12/93, P. 30 373, e, mais recentemente, os Acórdãos de 8/5/97, P. 34 047, de 20/11/97, P. 41 631, de 1/7/99, P. 44 249, de 1/2/2000, P. 45 290, e, de 13/1/2000, P. 45 452.
(14) A solução, entre outras, bem poderia ser sugerida pelo direito processual administrativo germânico na forma do instituto da *notwendige Beiladung*. Veja-se, entre muitos, C. H. ULE, *Verwaltungsprozeßrecht,* 9.ª ed., München, 1987, p. 111 e ss, e, mais recentemente, W.-R. SCHENKE, *Verwaltungsprozeßrecht,* 6.ª ed., Heidelberg, 1998. Sobre as relações entre *notwendige Beiladung* e *notwendige Streitgenossenschaft,* J. MARTENS, "Streitgenossenschaft und Beiladung", in *Verwaltungsarchiv,* 1969, p. 167 e ss. Isto sem, obviamente, a *Beiladung* pôr em causa a legitimidade primária, pelo menos em certas situações, de sujeitos (actores) aparentemente secundários.

importante, sobretudo na fase do contraditório [15]. Daí, igualmente, a relevância de pensar melhor [16] a intervenção *iussu iudicis* no que concerne aos contra-interessados "preteridos" pelo recorrente (sem esquecer os meios cautelares), oferecendo uma maior densidade e impulso à actividade instrutória (primária) [17]. Permitir-se-ia, desta forma, individualizar preventivamente as partes verdadeiramente necessárias, em obséquio à completude do contraditório, com refracções no âmbito do próprio juízo e na execução de julgados.

A ausência de um instrumento (instrutório) obrigatório, dirigido a verificar a presença de todas as partes necessárias no processo administrativo, põe em causa a aplicabilidade do princípio do contraditório [18]. E assim sendo, a identificação dos contra-interessados apenas *quando sejam determináveis*, podendo ser apenas *um*, ou quando se possa admitir que o juiz não está obrigado a ordenar o contraditório em relação às partes necessárias ou quase-necessárias a que não tenha sido "notificado" o recurso, poderá levantar a questão da (in)constitucionalidade da tramitação processual, convocando-se, entre outros, o artigo 20.º da C.R.P., especialmente o seu número 4 (vejam-se, entre outros, os arts 36.º e 43.º e ss

---

[15] F. MERUSI, "Il contraddittorio nel processo amministrativo", in *Dir. proc. amm.*, 1985, p. 6 e ss.

[16] Na doutrina italiana, claramente, G. VIRGA, *Attività istruttoria primaria e processo amministrativo*, Milano, 1991, p. 217 e ss.

[17] Sugestivamente, V. PAZIENZA, "Controinteressati 'non diretti' ed (effettiva) tutela giurisdizionale: una 'sentenza di sbarramento' del Consiglio di Stato", in *Foro amm.*, 1990, pp. 1178, e, em particular, 1189 e 1190.

[18] STICCHI DAMIANI, *op. cit.*, p. 198.

e 52.º e ss da L.P.T.A. e, mais enfaticamente, o seu art. 9.º e o art. 3.º/3 do C.P.C.) [19].

**3.** E quanto aos *co-interessados*, objecto, em especial, da nossa atenção, poderemos sustentar, à revelia do que é usual dizer-se, a sua qualidade de partes necessárias?

A solução negativa parece, desde logo, resultar da interpretação que tem sido oferecida do artigo 36.º/1/b) da L.P.T.A., que mandaria citar apenas os contra-interessados. Por outro lado, a exclusão dos co-interessados parece encontrar a sua justificação na homogeneidade do seu interesse em relação ao do recorrente. Acresce, aparentemente, a natureza demolitória do juízo administrativo (com efeitos *erga omnes*), que assinala (ainda) um prazo de caducidade (para recorrer) aos sujeitos atingidos ou lesados pelo acto.

Mas será assim ou apenas linearmente assim? Cremos que não, e não nos referimos, como iremos ver, apenas aos actos indivisíveis ou colectivos.

Vejamos, desde já, uma hipótese prática.

O acto deliberativo de uma Câmara Municipal que tenha deferido o pedido de realização de uma operação de loteamento, ampliando, por conseguinte, a esfera jurídica dos destinatários, é anulado por acto do Ministro competente. Os "lesados" impugnam o acto anulatório, notificando-se a entidade recorrida, pondo-se imediatamente a questão de saber se a Câmara Municipal deveria ser citada para o efeito. Na óptica tradicional do processo

---

[19] Não cremos que a solução deva passar por uma interpretação extensiva do artigo 40.º/1 da L.P.T.A., bem como de outros normativos. O problema é de política de Direito.

administrativo, a resposta positiva só será possível se se reconhecer à Câmara a qualidade de contra-interessado. A verdade é que o órgão municipal não pode qualificar-se como contra-interessado em sentido técnico [20], uma vez

---

[20] A não ser que a sua actuação se tenha adequado ao acto ministerial, acto pressuposto que, então, deve ser o alvo do recorrente, visto que o acto da Câmara será um acto de execução e, portanto, não impugnável (a não ser que tenha vícios próprios) e os danos decorrem imediatamente da decisão negativa, sob pena desta se tornar inoponível. Cfr. CARACCIOLO LA GROTTERIA, "Parti e contradittorio nel processo amministrativo", in *Scritti in onore di Pietro Virga*, Tomo I, Milano, 1994, p. 450, nota 12, e, especialmente, A. MARIA CORSO, *Atto amministrativo presupposto e ricorso giurisdizionale*, Padova, 1990, esp. pp. 14 e ss e 107 e ss. Todavia, sempre se poderá desenhar outra hipótese, considerando o acto de controlo um acto meramente preparatório e o acto de adequação da administração activa o acto final do *iter* procedimental, sendo desta forma impugnável. A Câmara surge, assim, como *parte intimada* e *não* como contra-interessada.

Tendo presente a diversidade de actos e dos respectivos prazos, outro problema surge. O que sucederá quando for impugnado o acto ministerial, se o órgão municipal tiver emanado o respectivo acto de adequação? Duas situações se configuram: 1) a de que o acto de adequação imponha a propositura de um juízo autónomo, sendo, por isso, indispensável a impugnação contenciosa de tal acto final do procedimento; 2) ou a que configura suficiente a integração no contraditório, com recuperação *ab origine* de toda a situação processual do ente controlado, enquanto sujeito que tenha revelado uma posição de contra-interessado relativamente ao recorrente.

Em síntese, tudo ponderado, julgamos que a melhor solução é a primeira. A questão central relativamente à posição processual do órgão municipal no processo promovido (pelo recorrente particular) contra o acto tutelar negativo centra-se na eventualidade de uma ausência de adequação às orientações do acto anulatório e, consequentemente, da subsistência do acto anulatório como acto final do procedimento.

Logo, na ausência de uma diversa manifestação de vontade do órgão municipal, este assume as vestes de *co-interessado* no recurso proposto pelo recorrente particular. A não ser que tenha recorrido, como parte principal, do acto negativo de controlo.

que, enquanto autor do acto anulado ou revogado [21], não parece ter um interesse paralelo ou semelhante ao manifestado no acto ministerial, mas antes um interesse à revivescência do seu acto e, portanto, um interesse semelhante ao dos recorrentes e, consequentemente, contrário à entidade que emanou o acto negativo de controlo. Definitivamente, *qui tacet neque negat, neque utique patetur*.

Estamos, assim, confrontados com o delicado problema a que aludimos no início, que é o de saber se o processo administrativo pode conhecer outras partes necessárias ou principais para lá das que tradicionalmente são referenciadas – recorrente, autoridade recorrida e eventualmente os contra-interessados.

Creio que a resposta pode ser favorável se, em consonância com o que temos vindo a dizer, tivermos em conta alguns aspectos. Para que assim seja, é necessário, antes de mais, partir do pressuposto que o processo administrativo é um processo de partes. De acordo com um princípio processualístico essencial, a decisão não pode ser pronunciada sem que as partes possam agir ou ser chamadas ao processo [22].

Naturalmente que o litisconsórcio necessário activo encontrará tanto mais aplicação quanto partes diversas das habitualmente canonizadas merecerem a qualificação de partes necessárias. Este é um dos pontos centrais do problema que nos resolvemos dar resposta.

---

[21] Sobre a tormentosa distinção destas figuras jurídicas, cfr. ROGÉRIO SOARES, *Direito Administrativo*, Coimbra, 1978, pp. 126 e 222 e ss, e, muito especialmente, *Interesse Público, Legalidade e Mérito*, Coimbra, 1955, p. 409 e ss.

[22] Cfr. F. BENVENUTI, *L'istruzione nel processo amministrativo*, Padova, 1953, p. 133.

É comummente reconhecido que uma parte deva ser considerada necessária (em qualquer processo) para que a sentença não venha considerada na sua essência *inutiliter data*. O problema está em esclarecer quando, na presença de uma pluralidade de partes interessadas na definição da lide, a ausência de apenas uma delas determina a emanação de uma sentença inútil (art. 28.º do C.P.C.). A questão foi sobretudo tratada no âmbito do processo civil, onde há muito os processualistas se têm confrontado com o problema de saber quando a decisão judicial deve ser única para mais de dois sujeitos. A conclusão dominante parece ser a de que tal sucederá sempre que o objecto da demanda e, portanto, da decisão judicial seja uma situação plurisubjectiva que atribua legitimidade (activa e passiva) [23].

A dificuldade está em verificar em que medida e com que amplitude o litisconsórcio necessário activo é reconhecível no âmbito do processo administrativo, especialmente no recurso contencioso de anulação. No direito civil (e até nas acções administrativas) [24] não parece haver dúvidas que a plurisubjectividade de uma situação jurídica respeite à contitularidade de direitos e até de obrigações de vários titulares (por exemplo, comproprietários de um bem ou co-herdeiros). O problema é que se for este o significado atribuível à expressão em análise, não haverá espaço para a sua aplicação no âmbito do processo administrativo, sobretudo de raiz anulatória, uma vez que a possível contitularidade de interesses legalmente protegidos não parece configurável, a não ser em certo tipo de

---

[23] Cfr. E. FABBRINI, "Litisconsorzio", in *Enc. dir.*, vol. XXIV, Milano, 1974, p. 819 e ss.

[24] Cfr. VIEIRA DE ANDRADE, *op. cit.*, p. 223.

acções [25]. A solução posta pelo ordenamento jurídico-processual-administrativo, em casos de legitimidade plural, é *normalmente* a que se reconhece nos artigos 38.º e 39.º da L.P.T.A..

Sendo assim, é nossa opinião que a expressão *situação plurisubjectiva* tenha um sentido mais amplo do que a cunhada pela doutrina processual-civilística. Pensamos que tal expressão seja capaz de abraçar também aquelas situações subjectivas que, sem fazer referência a uma contitularidade de direitos, são substancialmente imputáveis a interesses incindivelmente conexos a uma pluralidade de sujeitos. Por outras palavras, quando um sujeito legitimado propõe um recurso contencioso de anulação para fazer valer a sua posição jurídica, coenvolvendo necessariamente o interesse de outro sujeito aparentemente não legitimado, parece-nos que seja hipotisável um caso de *situação jurídica plurisubjectiva* e, consequentemente, de litisconsórcio necessário activo [26].

Em defesa da nossa dama, poderíamos argumentar que, a não ser assim, o processo administrativo e a respectiva sentença viriam a incidir directamente sobre interesses de sujeitos, sem que estes tenham podido exercer o direito de defesa constitucionalmente garantido. Seria mesmo difícil compreender que a sentença administrativa atingisse *directamente* pessoas que permaneceram estranhas ao processo, sendo que é preciso distinguir entre os efeitos da sentença e a força própria do caso julgado.

---

[25] Veja-se, num tema que nos é especialmente caro, o Acórdão do T.C.A. de 13/5/99, P. 2 736.
[26] Assim, F. BASSI, "Litisconsorzio necessario e processo amministrativo", in *Dir. proc. amm.*, n.º 2, 1987, p. 171 e ss, esp. p. 174.

Regressando ao exemplo oferecido por nós anteriormente, se os destinatários (ou apenas um deles) impugnam o acto revogatório, o objecto do processo administrativo é constituído indubitavelmente pela demanda tendente à eliminação da referida decisão. Assim sendo as coisas, parece que o órgão municipal não pode ser indiferente à solução do juízo, uma vez que, de acordo com a solução encontrada, o seu acto tanto poderá reviver como ser definitivamente cancelado da ordem jurídica. Mas se assim é, será que é aberrante considerar o interesse da Câmara Muncipal incindivelmente conexo com o dos recorrentes? Parece-nos que não [27].

Indo um pouco mais longe, abordemos a hipótese inversa. Admitamos que é a Câmara a recorrer contenciosamente do acto do Ministro, o que coloca a questão de saber se os destinatários do acto podem considerar-se partes necessárias do processo. Um dos caminhos a seguir poderia ser o de dar uma resposta negativa, na medida em que o particular, que viu ampliada a sua esfera jurídica pelo acto (posteriormente anulado), ainda que tenha legitimidade para propor o recurso, não é obrigado a exercitar o seu direito de defesa. Poder-se-ia objectar que opinando desta forma se estaria a defender a emanação de uma sentença *inuliter data,* podendo, todavia, replicar-se que no caso considerado os efeitos favoráveis ou desfavoráveis para os particulares dependeriam exclusivamente da sorte reservada ao acto deliberativo da Câmara anulado pela entidade ministerial.

Antes de dar uma resposta definitiva, julgamos prudente investigar um pouco melhor a figura do *co-*

---

[27] Esta é também a posição de F. BASSI, *op. cit.*, p. 175, que perfilhamos.

*-interessado* e as diversas situações possíveis de co--interesse.

A figura do co-interessado aparece habitualmente associada aos particulares que, tendo no processo o mesmo interesse do recorrente, têm toda a vantagem no acolhimento do recurso, sendo que, em nossa opinião, o interesse do co-interessado *não é* necessariamente o *mesmo* do recorrente, mas *análogo* ou *derivado* do do recorrente. Daí que se verifique, por regra, uma imprescindível conexão, no que concerne à situação jurídica substancial, entre co-interessado e recorrente.

Para um correcto enquadramento dos contornos estruturais e da natureza jurídica de tal conexão, impõe-se ao intérprete uma observação analítica de diferentes situações possíveis de co-interesse. Assim, podem revelar--se duas hipóteses distintas: a primeira caracteriza-se por uma identidade substancial da posição jurídica do co--interessado relativamente à do recorrente; a segunda distingue-se pela natureza mediata – em termos de pressuposição-derivação ou de não-actualidade (imediata) – do seu interesse em relação ao do próprio recorrente [28].

É possível, portanto, discernir, no âmbito das situações de co-interesse, posições que poderão legitimar a propositura autónoma do recurso, como de posições de interesse mediato ou reflexo, logo, de partes acessórias. Uma análise mais próxima, permite, assim, individualizar diferentes situações de co-interessado e, consequentemente, uma diferente posição e estatuto processual, como iremos tentar ver.

---

[28] Por todos, P. VIRGA, *La tutela giurisdizionale nei confronti della pubblica Amministrazione*, Milano, 1985, p. 298 e ss.

Quanto às posições de co-interesse reflexo ou mediato, podem, assim, perscrutar-se duas diferentes subespécies de situações de interesse diversamente relacionadas ou conexas com a do recorrente. A primeira pode desentranhar-se do interesse legítimo *derivado,* como pode ser a dos docentes e alunos relativamente ao recurso proposto pelo órgão de um estabelecimento de ensino contra o acto ministerial revogatório do reconhecimento do referido instituto. A segunda situação pode ser caracterizada em termos de um interesse legítimo ainda não actual, porque respeitante a um acto administrativo (ainda) não impugnado, mas conexo com o que é objecto de recurso. Parece suficientemente claro como, faltando a tais sujeitos os caracteres próprios de interesse autonomamente tutelável, estes não possam ser classificados como partes necessárias ou principais [29]. Tal constatação não impõe necessariamente, como sabemos, a exclusão *sic et simplicitur* dos co-interessados do novelo das partes do processo administrativo, simplesmente são apenas merecedores de uma tutela menor, digamos assim.

Antecipando conclusões, a diversidade de situações comportará (referimo-nos à categorização inicialmente feita neste ponto), desde logo, diferentes posições processuais. Se na primeira hipótese se poderá propor uma intervenção autónoma, já na segunda se adivinha uma intervenção acessória, dependente das razões suscitadas pelo recorrente. Com efeito, e em princípio, o sujeito não directamente lesado pelo acto não pode concorrer para formar ou modificar o *thema decidendum,* que surge individualizado e circunscrito pelo recorrente (principal). Tais sujeitos apresentam as características típicas das

---

[29] A. M. SANDULLI, *Manuale di diritto amministrativo,* Napoli, 1989, p. 1248 e ss.

partes acessórias, que gozam, assim, de uma legitimidade secundária [30].

Problema interessante, a justificar uma suspensão reflexiva, é o de saber se é possível a directa accionabilidade do interesse mediato sempre que o sujeito directamente lesado pelo acto ilegal não tenha tempestivamente interposto o respectivo recurso contencioso de anulação [31]. Inclinamo-nos, uma vez mais, a responder afirmativamente, fincados na ideia da gradação-dependência do interesse em relação ao comportamento de outras partes (principais), fazendo corresponder à inércia do sujeito directamente lesado a correspondente accionabilidade (autónoma) dos interesses reflexos, cujo prazo-limite, de acordo com razões atendíveis e sérias, não poderá naturalmente exceder o do Ministério Público e do caso decidido (art. 28.º/1/c) e ss da L.P.T.A.). Acresce que o *interesse directo, pessoal e legítimo* (art. 46.º/1 do R.S.T.A. e art. 821.º/2 do C.A.), de recorte guicciardiano, confere também legitimidade processual aos "titulares" de interesses de facto diferenciados, desde que a decisão processual aproveite directamente à sua esfera jurídica.

Indo um pouco mais longe, é nossa opinião que a actual *cultura* do processo administrativo [32] admite,

---

[30] A. M. SANDULLI, *op. cit.*, p. 1251. Colhe aqui o exemplo de um funcionário que, aspirando a uma promoção, tem todo o interesse no provimento do recurso interposto pelo titular do cargo, que ele almeja ocupar, contra o acto que lhe nega o acesso a categoria superior.

[31] Cfr. F. BRIGNOLA, "Cointeressati e controinteressati al processo amministrativo", in *Studi per il centocinquantenario del Consiglio di Stato*, Roma, 1981, p. 1689 e ss.

[32] Cfr. A. ROMANO, "Tutela cautelare nel processo amministrativo e giurisdizione di merito", in *Foro it.*, I, 1985, p. 249, e T. WÜRTENBERGER, *Verwaltungsprozeßrecht,* München, 1998.

inclusive, o mero *interesse instrumental a recorrer* (juízo de utilidade de densidade variável). Com efeito, subsiste o interesse à propositura do recurso mesmo quando do processo não resulte uma vantagem concreta mas simplesmente uma utilidade instrumental e mediata, tendo por base a ideia de que a "jurisdição dos interesses" se destina também e fundamentalmente a assegurar a legalidade da actividade administrativa. Reforçando o argumento, não se pode esquecer que o juízo administrativo não é uma espécie de *hortus conclusus* (desancorado do *continuum* da actividade administrativa procedimentalizada) [33], bem como os efeitos das sentenças anulatórias, particularmente o seu efeito reconstitutivo-conformador ou mesmo condenatório [34], ou ainda o vínculo (com alguma margem de liberdade) imposto à Administração na execução da sentença [35].

Em síntese, o conceito poliédrico de interesse instrumental a recorrer vem inserido lógica e juridicamente numa tipologia de contencioso administrativo que, não

---

[33] M. NIGRO, "Problemi veri e falsi della giustizia amministrativa dopo la legge sui tribunali regionali", in *Riv. trim. dir. pubbl.*, 1972, p. 1834. Em bom rigor, o objecto do recurso não é o acto mas o acto enquanto lugar de emersão do poder administrativo: um poder que foi exercitado, sê-lo-á novamente no futuro e sobretudo um poder que não é imune aos limites postos pelo juiz administrativo quanto ao seu exercício e conteúdo.

[34] Como se sabe, a intensidade dos efeitos provocados pela sentença administrativa não se altera antes e depois do caso julgado. O que varia é a gama de instrumentos aptos a assegurar a sua relevância pós-processual.

[35] Isto significa que a vantagem para o recorrente não deriva *illico et immediate* da sentença, havendo que atender à relação entre o resultado imediato e o resultado final do processo. O *quid pluris* está também aí.

deixando de definir *quase-integralmente* a relação, tem o enorme mérito de abrir ao cidadão as portas da tutela jurisdicional administrativa, de outra forma irremediavelmente fechadas [36]. Basta que haja alguma indulgência por parte do juiz administrativo na admissibilidade do recurso (esbatendo o carácter *concreto* ou *directo* do interesse), compondo uma espécie de prognose *ex ante,* em obséquio a uma satisfatória idoneidade que só poderá ser plenamente revelada, na sua intensidade, depois da pronúncia de mérito [37]. Adivinha-se, assim, a necessidade de considerar suficiente, para admitir o recurso, a eventualidade de uma *lesão futura* (que se "actualiza" com a inércia do recorrente), cujos contornos e admissibilidade poderão ser variáveis em função da sensibilidade constitucional dos direitos e interesses em causa [38].

Pensamos, portanto, haver cada vez menos razões contextuais, lógicas e sistemáticas, apesar do hipersubjec-

---

[36] Em síntese, a instrumentalidade do interesse a recorrer parece-nos incompatível com as teses subjectivas mais extremas do contencioso administrativo. Mais, quando a juridicidade é subjectiva, o interesse público praticamente não existe e então "la raison du plus fort est toujours la meilleure" (LA FONTAINE, *Fables,* 1668, I, 10, verso 1), com reflexos dramáticos ao nível das teses hiperponderativas em matéria de medidas cautelares e até de execução de julgados.

[37] Cfr. M. S. GIANNINI, *La giustizia amministrativa,* Roma, 1962, pp. 126 e 127.

[38] O caso paradigmático poderá ser o da tutela dos bens ambientais, pela sua natureza essencialmente infungível e irressarcitória, mas também no campo dos interesses pretensivos ou dinâmicos. Cfr. COLAÇO ANTUNES, *Para um Direito Administrativo de Garantia do Cidadão e da Administração (Tradição e Reforma),* Coimbra, 2000, p. 117.

Sobre a "funcionalização" publicística dos direitos fundamentais, cfr. P. HÄBERLE, "Gemeinwohljudikatur und Bundesverfassungsgericht", in *Arch. öff. Rechts,* 1970, p. 112 e ss.

tivismo e *individualismo* do artigo 268.º/4 da C.R.P., para que se possa entender que apenas os sujeitos directamente lesados pelo acto sejam merecedores de uma tutela plena. Para isso contribui, a meu ver, a relação essencial entre o procedimento e o processo administrativo, enquanto sustentação e lugar originante dos interesses e das partes substanciais.

Vista a segunda hipótese, com as suas nuances, compete-nos agora abordar a primeira, caracterizada pela identidade substancial da posição jurídica do co-interessado com a do recorrente, referenciável no caso de actos colectivos ou de actos indivisíveis [39].

Uma boa parte da doutrina e da jurisprudência tem sustentado que não vale a pena suscitar aqui a *vexata questio* dos co-interessados, como eventual parte necessária, enquanto o processo administrativo mantiver a sua natureza demolitória e o respectivo prazo de caducidade do recurso contencioso de anulação [40]. Tal seria a natureza das coisas [41]. Todavia, poder-se-ia objectar que nem sempre deve subsistir o carácter absolutamente peremptório do prazo do recurso, podendo argumentar-se (atendendo, inclusive aos efeitos da anulação do acto) que não há violação do prazo sempre que o co-interessado

---

[39] Cfr. FREITAS DO AMARAL, *Direito Administrativo*, vol. III, Lisboa, 1989, p. 89 e ss.

[40] Cfr. o Acórdão do S.T.A. de 6/4/95, P. 34 721, onde se sustenta a insusceptibilidade de, em recurso contencioso de anulação de acto administrativo indivisível, haver lugar a litisconsórcio necessário activo, dada a eficácia *erga omnes* da decisão. Veja-se ainda o Acórdão do S.T.A. de 15/1/97, P. 37 509.

Com uma visão mais subjectivista, e, por isso, mais processualística, o recente Acórdão do S.T.A. de 11/5/2000, P. 40 995.

[41] Cfr. F. MERUSI, *op. cit.*, p. 15 e ss.

intervenha num juízo cujos efeitos conclusivos operam directamente em relação a todos os possíveis destinatários [42]. Podendo, assim, desenhar-se uma operatividade diferenciada da regra da caducidade (do prazo) condicionada pela tipologia do acto anulado.

A verdade é que, nestes casos, o co-interessado não faz valer um interesse derivado ou potencial, mas uma situação jurídica autónoma, o que merece ser devidamente realçado. Que mais não seja por razões de economia processual, ao co-interessado deve reconhecer-se a faculdade de poder escolher a forma de intervenção processual (pelo menos dentro do prazo do recurso, a contar do momento que começa a decorrer para o co-interessado), que será diferente conforme assuma as vestes de parte necessária, que bem pode ser, como vimos, o litisconsórcio necessário activo (que *não* se resume às acções) ou as vestes de parte acessória (assistente) [43], prevalecendo, de todo o modo, o princípio do contraditório em relação à regra da caducidade. Mais uma vez, como já resultava do exemplo dado anteriormente, os co-interessados podem assumir a qualidade de parte necessária ou principal.

O haver-se individualizado, na área das situações de co-interesse, posições autonomamente tuteláveis, que se caracterizam pelos elementos próprios das partes necessárias, determina como primeira consequência a extensão a tais sujeitos processuais das pertinentes garantias em qualquer fase do processo, a começar pela citação dos co-interessados, caindo assim a distinção em relação aos contra-interessados. Pensamos até que esta interpre-

---

[42] Neste sentido, F. SATTA, *Giustizia amministrativa*, Padova, 1986, p. 168.
[43] A. M. SANDULLI, *op. cit.*, p. 1258.

tação, constitucionalmente amparada, não violenta a literalidade do texto da norma contida no artigo 36.º/1/b) da L.P.T.A..

É de auspiciar que o novo Código do Contencioso Administrativo (à semelhança de outras inovações) possa admitir, inclusive (rompendo com a praxis jurisprudencial, cfr., por exemplo, o Acórdão do S.T.A., de 9 de Outubro de 1997, Proc. 18 487), a intervenção principal sob a forma de oposição de terceiros [44] (*tierce opposition* no ordenamento processual administrativo francês) [45], ultrapassando a pobreza do tecido normativo em matéria de disciplina processual.

**4.** Concluindo, parece de todo hipotisável individualizar no processo administrativo partes necessárias diversas das normalmente canonizadas (recorrente e autoridade recorrida), sem prejuízo da sua ambivalência substantiva e processual (com refracções nomea-

---

[44] Neste sentido, FERREIRA PINTO / GUILHERME DA FONSECA, *op. cit.*, p. 63. Veja-se também M. NIGRO, *La riforma del processo amministrativo*, Milano, 1980, p. 152 e ss.

[45] Seria prudente ter em consideração as codificações ou as recentes alterações em matéria de contencioso administrativo levadas a cabo na Alemanha, Itália, França e Espanha. Cfr., por exemplo, a *R.F.D.A.*, n.º 5, 2000, p. 921 e ss, onde vêm expressas opiniões e desenvolvimentos de ilustres juristas franceses, especialmente RENÉ CHAPUS, "Lecture du code de justice amministrative", *op. cit.*, p. 929 e ss, e, para o caso italiano, V. ITALIA/M. BASSANI, *Codice della guistizia amministrativa*, Milano, 2000. Para a experiência alemã, veja-se, por exemplo, F. SCHOCH/SCHMIDT-AßMANN /R. PIETZNER, *Verwaltungsgerichtsordnung*, München, 1998. Para Espanha, cfr. S. GONZÁLEZ-VARAS, *Comentarios a la Ley de la Jurisdicción Contencioso-administrativa*, Madrid, 2000.

damente ao nível do contraditório) [46]. Por outro lado, talvez devesse aliviar-se o ónus do recorrente [47], em benefício (ou "prejuízo") de uma maior profundidade do papel do juiz administrativo na indicação e citação tempestiva de todas as partes necessárias, sob pena da sua inadmissibilidade. Como não deve recair totalmente sobre o recorrente o peso da fundamentação do recurso, dando, assim, espaço ao princípio *iura novit curia*, o que teria, aliás, o mérito de intensificar a tutela das situações jurídicas lesadas pelo acto.

Em segundo lugar, se se admite, e não vemos como possa ser de outra forma, que uma parte necessária seja parte no processo administrativo, parece admissível que o seja a pleno título. Tal entendimento comportará para a parte "necessária" a possibilidade de aderir à demanda proposta pelo recorrente, mas também de a contrastar, de avançar pedidos instrutórios e até de propor recurso incidental ou autónomo.

Depois, a parte necessária, quando não tenha obtido vencimento na primeira instância, deve considerar-se legitimada (art. 104.º da L.P.T.A.) a propor o competente recurso jurisdicional, bem como na execução dos julgados (até pela complexidade do art. 133.º/2/i) do C.P.A).

Para terminar, parece dever admitir-se que a figura de parte necessária no processo administrativo seja configurável tanto na hipótese de litisconsórcio necessário passivo [48] como no activo.

---

[46] Neste sentido, STICCHI DAMIANI, *op. cit.*, p. 192 e ss, especialmente p. 197, que faz referência expressa aos co-interessados.

[47] Vejam-se, entre vários outros, os Acórdãos do S.T.A. de 31/1/80, P. 12 821, de 3/2/83, P. 15 654, de 20/11/86, P. 23 348, de 2/7/87, P. 24 575, e, de 20/12/90, P. 28 086.

[48] Cfr., entre outros, o Acórdão do S.T.A. de 28/9/93, P. 32 001.

Parece também, lembrando o caso anteriormente enunciado, de rejeitar a tese de parte necessária (diversa das canonizadas) reconhecida apenas aos entes públicos [49]. Se é certo que a configuração de uma situação jurídico-plurisubjectiva, que no processo administrativo se resolve na imputabilidade de interesses incindivelmente conexos a uma pluralidade de sujeitos, exige a presença do interesse público que a tutela do interesse privado venha necessariamente a coenvolver, não parece menos certo que este goza de autonomia em relação àquele. Aliás, outro entendimento tem implícita a ideia de que a Administração monopoliza o interesse público (o que não é assim ou sempre assim), acrescendo que a autoridade administrativa, enquanto co-interessado, é um mero trâmite para a realização do interesse público. Também aqui o contencioso administrativo deve servir com moderação e equilíbrio os dois senhores essenciais do processo: o cidadão e a Administração.

Como se vê, esperamos não ter enveredado pela fantasia de Penélope ou sucumbido ao complexo de Sísifo. O nosso modelo é afinal PIRANDELLO. Tentámos tão-só elaborar uma reflexão não pretensiosa ou definitiva sobre um problema tão espinhoso como tormentoso da justiça administrativa.

A questão das *novas* partes principais do processo administrativo remete-nos, aliás, para um precedente literário curioso, revelado por um dos personagens dos *Promessi Sposi* de ALESSANDRO MANZONI. O referido personagem, confrontado com o flagelo da peste, tentou solucioná-lo com recurso a categorias conceptuais que

---

[49] Esta é a posição de F. BASSI, *op. cit.*, pp. 175 e 176, da qual aqui divergimos.

conhecia, a de *substância* e a de *acidente,* para concluir que, não se tratando de nenhuma delas, a peste não existia. Todavia, morreu de peste.

Esperamos, por último, que o "uso alternativo" do direito (não parece, mas é) levado a cabo por boa parte da doutrina e da jurisprudência, compreensivelmente, aliás, face às limitações do direito posto, não crie (como na filmografia de VISCONTI, por exemplo, *Os Malditos*, cujo deslumbramento estético quase anula a "mensagem") a ilusão da desnecessidade de consagrar novas soluções legislativas, quando estamos, precisamente, na véspera de um (novo) "Código do Contencioso Administrativo" [50].

---

[50] Em nota dizemos, por razões de economia discursiva, que um dos aspectos cruciais da justiça administrativa, secularmente ignorado, é precisamente o da *cultura* do *processo* e da sua tramitação. O processo administrativo deveria ganhar em oralidade, rompendo com o *esoterismo processual* (véu de ignorância), permitindo tornar compreensíveis e reconhecíveis os momentos rituais e técnicos do processo administrativo. A "degradação" do processo num formalismo ininteligível para o cidadão, converte-o numa forma de *alienação* da justiça. Assim, LÉVY-BRUHL, *La Preuve Judiciaire. Étude de Sociologie Juridique,* Paris, 1964, p. 21 e ss; M. CAPPELLETTI, *Procédure Orale et Procédure Écrite,* Milano, 1971, esp. p. 87 e ss, e F. LEFCOURT, *Law Against the People,* New York, 1971, esp. p. 123 e ss. Sobre os aspectos kafkianos do processo e da sua burocracia, T. RASEHORN, *Recht und Klassen. Zur Klassenjustiz in der Bundesrepublik,* Darmstadt, 1974, p. 96 e ss.

Enfim, o processo como revelação da verdade, como *alètheia* sem interrogações fundamentais (cfr. J. GREISCH, *Ontologie et Temporalité. Esquisse d'une Interprétation Intégrale de Sein und Zeit,* Paris, 1994, p. 309). O processo administrativo justo, partindo co-originariamente da não-verdade (*Unwahrheit*), deve poder atingir a verdade (*Wahrheit*). O sentido último da decisão é sublimar racional e civicamente a alienação das partes processuais, o que ajuda a explicar a relevância do princípio do inquisitório.

Por outro lado, se o processo deve marcar sobretudo o respeito jurídico pelos outros, o lugar de cada um e a verdade para todos, não é menos visível que a importação do espírito do processo civil e das técnicas da "luva invisível", sob a forma de um redimensionamento excessivo do princípio do dispositivo, com as suas óbvias refracções, comporta *o perigo* da justiça administrativa se converter num "honesto" *prêt-à-porter* (arbitragem), mas nunca numa *haute couture* das garantias fundamentais e do interesse público.

A desculturalização do processo administrativo põe-no à mercê da eloquência da teoria dos jogos (agora tão em voga), o que, reduzindo o contraditório a um mini-mercado subjectivista, coloca ao juiz graves problemas de imparcialidade e de objectividade. Daí a necessidade de uma presença adequadamente ajustada do Ministério Público, na linha de uma relação equilibrada entre os princípios do dispositivo, da oficialidade e do inquisitório.

O juiz administrativo deve ser o guardião de uma cultura do processo que o torne imune a delírios interpretativos aparentemente enfáticos. Em suma, é preciso perceber que o processo *não é* um palco para actores mais ou menos hábeis, mas um espaço teatral sem sombras e aparências. A peça da justiça administrativa exige valores altíssimos que só poderão ser cumpridos se o processo ganhar o que nunca teve – *densidade axiológico-normativa.*

Concluindo, o processo não é uma luta ou um jogo, como pensava P. CALAMANDREI, "Il processo como giuoco", in *Riv. dir. proc.,* 1950, I, p. 23, mas razão procedimental da verdade e da justiça. Veja-se FRISON-ROCHE, "La philosophie du procès, propos introductifs", in *Arch. Phil. Droit,* t. 39, 1995, p. 19 e ss. Aqui não há lugar ao consenso (que não é sequer o *overlapping consensus* de RAWLS), mas à verdade. A autoridade e a persuasão da decisão judicial está precisamente aí. O juiz deve ser a criatura da verdade. Esta é uma exigência imperativa. O problema está na gélida indiferença do novo mundo aos valores e à verdade material, que não é mais do que a verdade dos homens. Mas sem equívocos.

A pretensão legítima do povo governar não se baseia na consciência da verdade. Ele pode não conhecer o que é justo, mas afirma crescentemente o direito de fazer o que considera justo (literalmente o que lhe apetece). A verdade processual, ao invés, mesmo que dialógica, mas não dialogal, tem subtilmente algo de despótico (iluminado e conscencial), porque a autoridade do caso julgado repousa na livre e solitária convicção do juiz. Não estou seguro que a importância seja importante, mas a verdade é-o seguramente.

A verdade do juiz deve ser a verdade do *povo existencial,* o que, aliás, se compadece bem com a eficácia *erga omnes* da sentença anulatória. Daí o seu "Da-sein autêntico" para todos os homens.

E já agora, num país que cultiva a *pequeninidade legislativa,* auguramos que a reforma do contencioso seja verdadeiramente uma reforma, clara nas palavras e generosa nos objectivos, por forma a impedir que o sistema administrativo se possa reconhecer nas palavras dramaticamente ingénuas de GIOVANNI GIOLITTI, ministro "della malavita" – *la legge per gli amici la si interpreta, per gli altri la si applica.* Todavia, o perigo espreita um "legislador" mergulhado na crença neobarroca (pós-moderna) de que a cada palavra corresponde uma realidade permanentemente variante e perecível, em que o interesse público é uma mera *locutio brevis.*

Não se pode, porém, querer tudo, porque o *tudo* é frequentemente vizinho do seu contrário. *Ad hoc et propter hoc.*

---

Simbolicamente, para uma jurisprudência pluralizante, "Je crois trop à la verité pour ne pas supposer qu'il y a différentes verités et différentes façons de la dire" (M. FOUCAULT).

# A REFORMA DO CONTENCIOSO ADMINISTRATIVO
## *O ÚLTIMO ANO EM MARIENBAD*

> "Le bon sens législatif est la chose
> du monde la mieux partagée"
> JEAN CARBONNIER

**1.** Estamos numa situação que me faz lembrar *O Último Ano em Marienbad* (ALAIN RESNAIS). Estamos (aqui) confrontados com uma *ética das opções* (CAMUS) – o modelo subjectivista, o modelo objectivista *ou* a miscigenação dos dois modelos de contencioso administrativo? É todo o problema da autonomia do *Überbau*. O "mar da objectividade" de CALVINO ou o "mar da subjectividade", a que aludem alguns? Ou uma situação intermédia, como entendemos nós? O *voyeurisme* subjectivista, de inspiração alemã, que aponta para uma *ética da desintegração* do modelo objectivista, deve, na sua vertente maximalista, ser rejeitado. Deve ser rejeitada essa *reificação ontológica* que nos é proposta por alguns autores, aliás, notabilíssimos, que não é mais do que uma visão magistralmente desmagistralizada do contencioso administrativo sob a forma de complexo de Agripina, isto é, uma mítica vitimização maternal (= a suicídio aparentemente altruísta) [1].

A justiça administrativa deve servir dois senhores: naturalmente a tutela das posições jurídicas substantivas dos particulares, mas também a garantia de juridicidade do agir administrativo na prossecução do interesse público – que não é só um dever fundamental, mas também *um direito* fundamental da Administração, aliás, imprescritível e irrenunciável. Afastemos, portanto, as visões popperianas do contencioso administrativo.

E, posto isto, chegamos ao *primeiro problema* – a ausência de um paradigma de justiça administrativa que saiba fazer do juiz administrativo o juiz "ordinário" do cidadão e da Administração. Isto, obviamente, sem beliscar minimamente o mérito indiscutível dos anteprojectos (e dos seus autores), que nos merecem o maior respeito e até uma substancial concordância.

Um contencioso administrativo de garantia do cidadão e da Administração, até porque a relação jurídica administrativa nem sempre tem, de um lado, um sujeito forte (a Administração) e, do outro, um sujeito fraco (o cidadão). A Administração não pode eximir-se de ser poder, sob pena de não haver direito administrativo nem interesse público para tutelar, desaparecendo esse *espelho conscencial* (referência) que pode adquirir múltiplas formas.

O problema a que aludimos, começa quando o artigo 268.º/4 da C.R.P., sobretudo depois da revisão de 97, consagrou a lesividade do acto como critério (praticamente exclusivo) da sua recorribilidade, retirando ao texto consti-

---

[1] A. TEISSIER-ENSMINGER, *La Beauté du Droit*, Paris, 1999, p. 227 e ss.

tucional, que vinha da revisão de 89, o fundamento da *ilegalidade* do acto, para além de fazer uma hierarquização (dos meios processuais) em que a acção para o reconhecimento de direitos ou interesses legalmente protegidos antecede o recurso contencioso de anulação, o que não é desprovido de consequências jurídicas. Pensamos, em síntese, que se deveria manter uma referência à ilegalidade do acto (ou a outras formas de violação da legalidade), em homenagem ao controlo jurisdicional objectivo da legalidade administrativa. Se não esquecermos que "o Direito é também o que os juristas dizem ser o Direito", o problema, em bom rigor, não é apenas o que diz o artigo 268.º/4 da C.R.P., mas o sentido e alcance que alguma doutrina mais vincadamente subjectivista atribui a este artigo. Esta é também a questão.

Porque o legislador constitucional (art. 268.º/4) quis resolver impulsivamente tudo, e tudo em sentido subjectivista, impõe-se, assim, alguma prudência ao legislador ordinário, dentro da sua liberdade constitutiva, o que de certo modo foi conseguido nos anteprojectos em discussão. Esta norma tem sido, aliás, interpretada, por alguma doutrina, como uma espécie de *super-ego constitucional,* a precisar, portanto, de alguma terapia hermenêutica. De todo o modo, se a norma consagra o "mínimo axiológico-normativo", como sustentam alguns, tal mínimo aproxima-se dos patamares mais elevados de protecção jurisdicional dos cidadãos.

Será que, como no *Último Ano em Marienbad* (esse grande Hotel do Abismo), o fascínio de uma vaga Senhora A vai ceder perante um sedutor e ambíguo Senhor X? O que é que este lhe oferece? O amor? A poesia? A liberdade? Ou a morte? Não seria melhor a Senhora A seguir um caminho autónomo, abandonando também o incolor Senhor M, presumivelmente o seu cônjuge?

Será que *com* a reforma do contencioso administrativo estamos perante a história de uma *sedução recalcada*? A teleobjectiva não nos ajuda muito, porque "tudo está apenas ali", recordando o *Dasein* heideggeriano ou a *redução eidética* de HUSSERL, e nem *sempre ali,* porque os enquadramentos (*teoréticos*) mudam, alteram-se, pelo que não devemos escolher perante uma *paixão subjectivista* que pode não ser definitiva, sobretudo se entoada em tons oníricos e ardentes. Não podemos avançar para a floresta de Sherwood sem um plano prévio, sem caminhos bem definidos, sob pena de ficarmos à mercê do mais forte. Precisamos, em suma, de um ORSON WELLES, de um *Citizen Kane,* para sair tranquilamente de um mundo de redoma, como aquele que THOMAS MANN desenhou na *Montanha Mágica.* Tem que ser uma "fuga" planificada e equilibrada.

Isto que foi dito, para além de revelar o que pensamos, é também uma forma de inspiração-reconhecimento a ORLANDO DE CARVALHO [2], que foi dos primeiros a ensinar-nos que quem "só sabe direito nem direito sabe".

**2.** No que toca ao *recurso contencioso de anulação,* um dos sintomas da falta de um paradigma acabado e de cedência está, a meu ver, no artigo 18.º do AP. – C.P.T.A., onde se enuncia o princípio geral de recorribilidade dos actos (em obséquio ao critério da lesividade definido

---

[2] ORLANDO DE CARVALHO, *Escritos – Páginas de Intervenção,* I (Notas & Nótulas de Literatura e Arte, 1946-1998), Coimbra, 1998, p. 125 e ss. Um maldito a quem muito se deve, e, talvez por isso, ignorado. Temos, historicamente, o péssimo hábito de ignorar os nossos melhores.

constitucionalmente no art. 268.º/4 da C.R.P.), em contradição, aliás, com o artigo 39.º do AP. – C.P.T.A. ou com o artigo 16.º. Por outro lado, talvez fosse de admitir, como acontece com a acção para o reconhecimento de direitos ou interesses legalmente protegidos (art. 80.º/b)) e com a acção para determinação da prática de acto administrativo legalmente devido (art. 87.º), a possibilidade de cumular, com o pedido de anulação ou declaração de nulidade do acto, o pedido de indemnização por perdas e danos daí decorrentes.

Parece-me, com todo o respeito por opiniões alheias, que este critério (da lesividade) é redutor, senão mesmo arcaico – apesar da sua hodiernidade – com refracções importantes e limitadoras ao nível da legitimidade (pressupondo a titularidade de uma posição jurídica subjectiva), que pode ser, assim, absorvida processualmente pelo "interesse em agir", dificultando ainda mais uma justiça material.

Pergunta-se, se não houver lesividade não há acto recorrível? Ou então exigirá (sempre) uma conexão estreita entre lesão e vício do acto administrativo? O que seria redutor enquanto critério geral, nomeadamente quanto à invocação dos vícios do acto. Ou poderá a lesão determinar a remoção do acto, independentemente do tipo e *qualitas* relacional do vício? O que se justificaria nos casos de intervenção do actor popular, mas não já quando estão em causa interesses próprios do sujeito. Ou ainda, qual a relevância (autónoma) do vício do acto ilegal? E, por último, qual a autonomia, se a houver, entre a situação jurídica de direito substancial e o interesse processual ou mesmo a legitimidade? Não poderá esta (agora?) ser associada à imagem incerta de um *quid medii* entre a subjectividade em abstracto e a "fattispecie" em concreto, não se sabendo bem, pelo menos *a priori,* se eventual se necessário? Projecções também ao nível do caso julgado (limites materiais e subjectivos), mas ainda e sobretudo ao nível da *instabilidade* (excessiva) *do acto*, decaindo, inclusive, a relevância dos *vícios formais* [3], anunciando igualmente a morte do interesse legítimo (confundido normalmente com o interesse individual, quando é antes um poder instrumental de um sujeito), cujos serviços prestados à justiça administrativa não foram assim tão despiciendos.

Outras consequências complexas podem resultar das limitações conceptuais das noções de interesse legítimo e de interesses legalmente protegidos – ainda não completamente decantadas pela doutrina – que podem colocar problemas aos particulares e ao juiz administrativo no âmbito do artigo 21.º (legitimidade activa). Depois, há ainda a célebre tríade de adjectivos de recorte guicciardiano [4] – interesse directo, pessoal e legítimo (art. 21.º/1/a) do AP. – P.C.T.A.). Qual o seu significado (agora)? Implicará a titularidade de um interesse legítimo ou abrangerá o sentido de um mero interesse instrumental a recorrer, em certos casos? Em suma, abrirá ou fechará o acesso aos tribunais administrativos?

Perguntamo-nos se tal critério hegemónico (lesividade), acompanhado da perda de importância dos vícios formais – como de resto, é verdade, acontece nos ordenamentos jurídicos que nos são mais próximos – não

---

[3] COLAÇO ANTUNES, *Para um Direito Administrativo de Garantia do Cidadão e da Administração – Tradição e Reforma*, Coimbra, 2000, p. 75.

[4] E. GUICCIARDI, "Interesse personale, diretto e attuale", in *Giur. it.*, III, 1961, p. 1 e ss, onde a tríade inseparável e sacramental de adjectivos é pontualizada pela actualidade da lesão, determinante para se poder configurar o interesse em agir.

implicará um controlo de legalidade mais profundo, a exigir a ampliação dos poderes do juiz no âmbito dos poderes discricionários da Administração, sob pena de cairmos num contencioso administrativo neurótico e hiperlitigante (rebelião das massas), numa espiral crescente e paradoxal da instabilidade do acto.

Perguntamo-nos também se a referida irrelevância dos vícios formais não nos pode conduzir à possibilidade de uma fundamentação *póstuma* do acto (como acontece na Alemanha), reforçando paradoxalmente a presunção de legalidade do acto numa procedimentalização inevitável do processo, o que não deixará de ter reflexos em matérias tão sensíveis como é a da prova ou dos poderes do juiz e do princípio do inquisitório, em substituição da recessiva (segundo alguns) processualização do procedimento. Qual o sentido, então, desta *garantia dialógica*? Não nos esqueçamos que o procedimento e o processo são conceitos de síntese.

Não implicará isto também a menoridade da acção popular e da acção pública, para além do que seria razoável?

Além de que, não se vê com bons olhos, o desaparecimento, no artigo 27.º do AP. – C.P.T.A., do prazo especial de recurso do Ministério Público – que não deixava de ser importante para o efeito processual de (in)impugnabilidade do acto administrativo – ou até para os casos de actos autorizativos com *efeitos justificativos e preclusivos* em relação a terceiros (especialmente em matéria ambiental).

Outras refracções manifestam-se ou podem manifestar-se ainda na noção de *objecto* do processo, com a consequente cumulação de pedidos a que fizemos referência. Mas aqui entram novamente em jogo as diferentes competências dos tribunais administrativos, tema que suscita uma reflexão cuidada que a voracidade do tempo nos impede de desenvolver aqui. De qualquer forma, o objecto do processo não pode bastar-se às pretensões das partes, como não pode limitar-se ao acto e respectiva invalidade.

Por fim, receamos que a "jurisprudência teorética" (uma espécie de versão garantística da teoria do *uso alternativo do direito* desenvolvida por volta dos anos 70 em Itália) [5], que se tem vindo a desenvolver e a afirmar, entre nós (com notório mérito na renovação do direito processual administrativo), sucumba perante a chamada "jurisprudência prática", paradoxalmente "pluralizante".

Também nos parece discutível a sobrevivência do recurso hierárquico *necessário,* como pressuposto processual do recurso contencioso de anulação, ainda que matizado, e se limite o seu efeito preclusivo, ao permitir ao particular uma nova possibilidade para usar esse meio administrativo (necessário à abertura da via contenciosa), no prazo de um mês contado a partir do trânsito em julgado da decisão de rejeição (art. 39.º), o que, contudo, nada tem que ver com a relação de autonomia e complementaridade entre o procedimento e o processo administrativo, que se deve manter como elemento densificador do contencioso administrativo. Aliás, alguma jurisprudência, face às divergências doutrinais, já afastou a sua exigibilidade como pressuposto processual.

A verdade é que o conceito de definitividade é um conceito empírico, não dogmático, que tinha sentido num ordenamento jurídico monocrático, sem contraditório e

---

[5] Esta teoria teve em PIETRO BARCELLONA um dos seus mais insignes representantes (Convegno di Catania), doutrina que não obteve grande expressão entre nós.

participação dos cidadãos, onde o recurso hierárquico necessário constituía, porventura, um dos raros momentos dialógicos do particular com a Administração. Num quadro de intensa participação procedimental e jurisdicional, perde todo o sentido insistir na via administrativa, qual via sacra, enquanto passagem obrigatória para o olimpo do contencioso, até porque tal significa prosseguir na multiplicação do privilégio da decisão prévia [6].

A noção de definitividade do acto perde ainda sentido, porque o acto preparatório (art. 268.º/4 da C.R.P.) se pode opor ao acto final (não sendo este necessariamente uma espécie de esponja que absorve todas as vicissitudes procedimentais), além de que a definitividade já não parece constituir constitucionalmente um requisito indispensável para a sua impugnação (do acto). Acresce que o aprofundamento do controlo jurisdicional que advogamos, até pela natureza subjectiva dos pressupostos do recurso contencioso de anulação, vem, de certo modo, esvaziar de conteúdo o controlo de mérito operado ao nível do recurso hierárquico necessário (art. 167.º/2 do C.P.A.).

Ao invés, há que atender, isso sim, a uma lesividade ligada aos momentos significativos do procedimento, aos valores, à lógica e deontologia do seu desenvolvimento, tudo numa percepção substancial do procedimento (vício de ponderação de interesses a insinuar desvio de poder ou mesmo violação de lei).

---

[6] COLAÇO ANTUNES, "À margem de uma recente orientação do Supremo Tribunal Administrativo: um olhar ecológico sobre o artigo 268.º/4 da Constituição", in *Rev. Min. Públ.*, n.º 63, 1995, p. 118. Veja-se ainda o interessante estudo de F. URBANO CALVÃO, *Os Actos Precários e os Actos Provisórios no Direito Administrativo*, Porto, 1998, p. 265 e ss.

Depois, não se pode esquecer a complexidade (não linearidade) de um grande número de procedimentos administrativos actuais, geradores de pré-decisões (sem ignorar a importância da instrução – de onde arranca já um projecto de decisão), de co-decisões ou de *actos finais parciais* que, não sendo a decisão final, podem conter já uma *decisão final* [7]. Há que atender ainda a outros factores, como, por exemplo, a incidência do acto preparatório no acto final, a existência de um acto "preparatório" que condiciona irremediavelmente o acto final, como pode ser um parecer vinculativo etc.

Para nós, o caminho é o do alargamento da noção de acto (e não uma lesividade assente na patrimonialização da relação jurídico-administrativa), o que não deixa de ter projecções ao nível dos meios processuais, mesmo dos acessórios, nomeadamente ao nível da execução de julgados. O juízo administrativo não deve ser uma espécie de *hortus conclusus,* isolado do fluxo ininterrupto da actividade administrativa.

**3.** Quanto à *impugnação de normas,* parece-me algo discutível a dualidade de pressupostos processuais (apesar da unificação num único meio e regime processual, arts. 65.º/1/2 e 68.º/1 do AP. – C.P.T.A.), bem como dos efeitos das sentenças de provimento, em obséquio reverencial à entidade regulamentar (art. 63.º).

Mas a minha proposta mais controversa, ainda que absolutamente razoável, é esta: tendo em consideração

---

[7] COLAÇO ANTUNES, *O Procedimento Administrativo de Avaliação de Impacto Ambiental (Para uma Tutela Preventiva do Ambiente),* Coimbra, 1998, p. 165.

que as normas administrativas consubstanciam o ordenamento jurídico particular da Administração, seria de estabelecer um prazo (dois anos?), ao invés do que estabelece o artigo 67.º do AP. – C.P.T.A, para o caso de ilegalidades menos graves (anulabilidades), contribuindo para a estabilidade destas normas, cuja legalidade poderia ser sempre apreciada por via incidental, visto que o vício (a ilicitude) se manteria para além do prazo da sua impugnabilidade, como acontece com os actos administrativos. Isto é tanto mais pertinente quanto o fundamento da sua impugnabilidade é manifestamente subjectivo (art. 268.º/5 da C.R.P.).

**4.** Quanto à nova *acção para determinação da prática de acto administrativo legalmente devido* (art. 82.º e ss do AP. – C.P.T.A), cremos que os seus pressupostos deveriam ser outros ou não apenas os que vêm configurados.

Entendemos que este seria o meio idóneo para *suprimir o flagelo dos deferimentos tácitos* – essa sombra da verdade jurídica – sendo que o AP. – C.P.T.A. parece antes querer dar resposta ao indeferimento tácito [8].

Soluções como a do *deferimento tácito* (silêncio positivo), merecem-nos veementes críticas, visto não haver aqui, ontologicamente, um acto, nem constituirá (salvo melhor opinião) uma boa técnica legislativa instituir esta figura ao nível de um Código da actividade administrativa, sobretudo com a vastidão que aí se lhe reconhece.

---

[8] Sobre este ponto da nossa intervenção, para maiores desenvolvimentos, cfr. COLAÇO ANTUNES, *Para um Direito Administrativo de Garantia do Cidadão e da Administração...*, op. cit., pp. 57 e ss e 136 e ss.

A nível processual também não colhe muito a ideia, na medida em que o recurso contencioso de anulação deixa de ser agora a regra, além de acrescerem outros meios processuais (já existentes, aliás), como a acção para o reconhecimento de direitos ou interesses legalmente protegidos (art. 77.º e ss do AP. – C.P.T.A.).

Com a revisão constitucional de 1997, perde mesmo sentido processual, ao abrir-se constitucionalmente (art. 268.º/4) a porta alemã (*Verpflichtungsklage* ou, para ser mais exacto, *Untätigkeitsklage*) de uma nova acção para determinação da prática de actos administrativos legalmente devidos, como de resto já acontece em matéria de urbanização e edificação (arts. 111.º/a) e 112.º do Decreto-Lei n.º 555/99, de 16 de Dezembro) [9].

---

[9] Com efeito, recentemente foi publicado o Decreto-Lei n.º 555/99, de 16 de Dezembro, que veio estabelecer o regime jurídico da urbanização e edificação, revogando (art. 129.º), entre outros diplomas, o Decreto-Lei n.º 445/91, de 20 de Novembro, e o Decreto-Lei n.º 448/91, de 29 de Novembro.

O novo diploma veio, como tínhamos já sustentado, na sequência do artigo 268.º/4 da C.R.P., substituir a intimação judicial para um comportamento pela intimação judicial para a prática de acto legalmente devido, em casos de silêncio administrativo, nas operações urbanísticas sujeitas a licenciamento, abrangendo, inclusive, situações de silêncio procedimental (cfr. os arts. 111.º/a) e 112.º. *Vide*, entretanto, o deferimento presumido previsto nos n.ºs 9 dos arts. 19.º e 112.º).

Para além da enigmática alínea c) do artigo 111.º, o deferimento tácito, na base da distinção entre as figuras de licença e de autorização (art. 4.º/2/3), atendendo nomeadamente à densidade de planeamento vigente na área de realização da operação urbanística, confina-se agora às actividades sujeitas a autorização (cfr. os arts. 111.º/b) e 113.º).

Veja-se ainda, de forma originante, o artigo 147.º do Código de Procedimento e Processo Tributário (D.L. n.º 433/99, de 26 de Outubro).

Uma leitura atenta da Constituição leva-nos a afirmar que o legislador se deve abster de intervir na veste de Administração, violando o princípio da separação dos poderes, o que sucede quando ((i)legalmente) venha subtraída à Administração a fase de ponderação de interesses.

Neste sentido, advoga-se a existência de uma reserva de procedimento administrativo, entendida como reserva da instrução (em sentido amplo), o que só por si deveria inibir o legislador de se substituir à Administração, como acontece com o chamado silêncio administrativo positivo ou acto tácito (silente) de deferimento. Silêncio este que tende (mal) a transformar-se num elemento quase fisiológico de procedimentos autorizativos com uma margem de discricionaridade considerável, minorando a instrução e com ela a ponderação de interesses [10], quer ao nível do procedimento [11], quer ao nível do resultado – decisão final que passa a constituir uma *fictio iuris*. O processo administrativo tenderá, assim, a transformar-se no momento em que a Administração procura justificar tardiamente a sua decisão, em prejuízo de

---

[10] V. PARISIO, *I silenzi della pubblica amministrazione (La rinuncia alla garanzia dell'atto scritto)*, Milano, 1996, p. 215 e ss.

[11] Para nós, o silêncio procedimental não se confunde com o silêncio administrativo – do acto que reveste o papel de manifestação de vontade da autoridade – mas com os actos e as fases em que se desenvolve o procedimento. Enquanto no silêncio administrativo há violação do dever de decidir, já no silêncio procedimental viola--se o dever de proceder, que não está, em princípio, apto a exprimir uma vontade de decidir ou não. Sobre as implicações práticas desta distinção, cfr. COLAÇO ANTUNES, *Para um Direito Administrativo de Garantia do Cidadão e da Administração...*, op. cit., p. 61, nota 22.

uma fundamentação contextual (*vide* o caso alemão, § 45 VwVfG) [12].

Depois de se ter teorizado a transformação parajudicial do procedimento, abre-se agora o caminho à procedimentalização do processo (cfr., por exemplo, o § 114 VwGO) [13], uma fase em que o confronto é mais intenso, com repercussões, uma vez que a "ponderação de interesses" é já eficaz, ao nível do reforço da (discutível) presunção de legalidade do acto administrativo. Os problemas postos pelo silêncio positivo são enormes, sem esquecer que estará em causa a obrigação de concluir o procedimento e o dever de decidir da Administração, plasmado no artigo 9.º do C.P.A. [14].

Perguntamo-nos se não haverá mesmo uma contradição insanável entre os artigos 9.º e 58.º e o artigo 108.º do C.P.A., uma vez que aqueles artigos têm ínsita a ideia da prática de um acto expresso num determinado prazo. Os deveres da Administração de decidir e concluir o procedimento não se harmonizam bem com o silêncio administrativo, sendo certo que há que distinguir entre o dever de proceder e o dever de decidir propriamente dito.

Em síntese, o escopo do artigo 9.º do C.P.A. é precisamente o de limitar e inibir o silêncio, a inércia da

---

[12] Seguimos aqui, de perto, o nosso estudo, COLAÇO ANTUNES, *Para um Direito Administrativo de Garantia do Cidadão e da Administração...*, op. cit., p. 63 e ss.

[13] W. LEISNER, "Legal Protection against the State in the Federal Republic of Germany", in LEISNER / PIRAS / STIPO, *Administrative Law. The Problem of Justice*, vol. III, Milano, 1997, p. 7 e ss.

[14] M. CLARICH, *Termine del procedimento e potere amministrativo*, Torino, 1995, p. 123 e ss.

Administração. Para nós, o silêncio positivo é dogmaticamente insustentável [15].

Não se pode, aliás, ignorar que o silêncio possa ser considerado ilegítimo, logo, atacado contenciosamente, enquanto violação do dever de proceder e de decidir (aspecto que, salvo melhor opinião, não tem merecido o devido relevo), sem que se possa confundir com a anulação do "acto" (positivo ou negativo) em que se transforma, transcorrido o prazo legalmente fixado [16].

Pensamos que, pelo menos nalguns casos, o silêncio positivo (com a vastidão que se lhe reconhece no C.P.A.) pode revelar-se inconstitucional, por derrogar o princípio constitucional que impõe, imperativamente, à Administração o dever de realizar o interesse público (art. 266.º/1 da C.R.P.), prejudicando irremediavelmente a completude do material instrutório e uma adequada ponderação de interesses procedimentalmente exigida (veja-se a delicadeza do conceito de *Abwägungsstaat,* bem como o debate travado nos últimos anos pela doutrina alemã, por exemplo, LEISNER e KOCH) [17].

Em suma, cai o princípio, também ele constitucional, do justo procedimento e até do processo justo [18], esba-

---

[15] A nosso ver, o problema resume-se, ultrapassada a necessidade de abertura da via processual a que fizemos referência, a uma questão de meios técnicos e humanos de que a Administração deve dispor com qualidade.

[16] COLAÇO ANTUNES, *Para um Direito Administrativo de Garantia do Cidadão e da Administração...*, op. cit., p. 64.

[17] W. LEISNER, *Der Abwägungsstaat: Verhältnismäßigkeit als Gerechtigkeit,* Berlin, 1997, pp. 39 e ss, 46 e ss e 82 e ss, e H. J. KOCH, "Die normtheoretische Basis der Abwägung", in *Abwägung im Recht: Symposium und Verabschiedung von Werner Hoppe,* Köln, Berlin, Bonn, München, 1996, pp. 9 e ss e 12 e ss.

[18] Neste domínio, convém, uma vez mais, recordar o papel da jurisprudência comunitária e do T.E.D.H., com refracções ao nível da

justiça administrativa de vários Estados-membros da União Europeia – por exemplo, as Sentenças *Procola, Reinhardt et Slimane-Kaïd, Vogt, Comissão vs República Grega* e o célebre Acórdão *Costa vs Enel*, que foi originante na prevalência do direito comunitário, bem como o não menos importante Acórdão *Van Gend & Loos* quanto ao efeito directo. Cfr. COLAÇO ANTUNES, *Para um Direito Administrativo de Garantia do Cidadão e da Administração* ..., *op. cit.*, p. 62, nota 27 e pp. 151 e 152.

Já que estamos com a mão no assunto, lembremos que se discute hoje ("lá fora") arduamente o estatuto processual do Ministério Público (ou de figuras afins como o Advogado-geral). Exemplo disso é o caso *Reinhardt et Slimane-Kaïd* contra a França (no âmbito da C.E.D.H.), anteriormente referido, e o caso *Emesa Sugar (Free Zone) NV* contra Aruba (no âmbito da União Europeia – com decisão do T.J., de 4 de Fevereiro de 2000). Internamente o debate não é menos intenso (cfr. o Acórdão do T.C. n.º 345/99, de 15 de Junho, D.R., II Série, de 17/02/2000, p. 3298 e ss, Acórdão que veio declarar inconstitucional o artigo 15.º da L.P.T.A.), como de resto se compreende numa fase de discussão pública do AP. – C.P.T.A..

O Acórdão do T.C. parece inclinar-se para o lado das teses do Tribunal de Estrasburgo (dissemelhantes, aliás, das do Tribunal do Luxemburgo, apesar de hoje o T.U.E. integrar os direitos fundamentais e os valores defendidos pela Convenção Europeia de Salvaguarda dos Direitos do Homem e das Liberdades Fundamentais – arts. 6.º/2 e 46.º/d)), numa reverência só justificada num país que aprecia particularmente aparências e vassalagens doutrinais, jurisprudenciais e outras.

A meu ver, a argumentação do T.C. não colhe, como não colhe a do T.E.D.H.. Se ao Ministério Público compete constitucionalmente a defesa da legalidade, sustentar que a sua presença nesta fase do processo (audiência de julgamento) atropelaria o conceito de processo equitativo, parece ter subjacente a ideia de que o recorrente teria aí mais um adversário a que não poderia retorquir. Ora se se entender que o encargo do M.P. é apenas o que referimos anteriormente, o seu parecer representa, "pela natureza das coisas", mais uma "ameaça" para a Administração do que para o recorrente. A haver violação do contraditório, tal desfavorece essencialmente a Administração.

Aliás, não me parece que a intervenção do M.P. tenha uma influência condicionante do juiz, no sentido da sentença ser normalmente concordante com o parecer do M.P. (embora se pudesse e devesse fazer um estudo estatístico da jurisprudência neste aspecto), tendo-se igualmente o princípio da legalidade em favor da segurança e celeridade exigidas pelos privados.

Por tudo isto, pensamos que a acção para determinação da prática de acto administrativo legalmente devido (art. 82.º e ss do AP. – C.P.T.A.), bem poderia ter aqui serventia, eliminando esta sombra da verdade jurídica que é o silêncio positivo.

---

ou que as sentenças sejam necessariamente elípticas ou ainda que a reserva do juiz seja posta em causa, juiz a quem cabe definir, em última instância, o direito do caso concreto.

O M.P., entre nós, não é uma espécie de conselheiro referendário ou um "juiz auxiliar" que fala mais alto do que o "juiz" que profere a sentença, sendo apenas um "jurisconsulto" a quem compete defender intransigentemente a legalidade. Não lhe compete (ao M.P.) expor ou definir a *ratio decidendi*, nem é o mentor do juiz. Só por uma habituação pouco canónica, o juiz se pode "apoiar" no parecer do M.P., já que a lei não lhe põe qualquer constrangimento. Não há de facto e de direito qualquer interdependência.

Seria mais coerente então, como defendem alguns (R. MARTIN, "Faut-il supprimer le ministère public?", in *Rev. trim. dr. civ.*, n.º 4, 1998, p. 876 e ss), afastar o M.P. da jurisdição administrativa, em vez de se sustentar, em obséquio a um entendimento meramente formalista do princípio do processo equitativo, uma relação triangular (quando não é parte no processo, como é o caso).

Em suma, a evolução do processo administrativo, no sentido de um processo de partes, nomeadamente no recurso contencioso de anulação, aconselha precisamente que ao M.P. seja reconhecido o papel de defensor da legalidade, mas já não o de promover o interesse público, que deverá competir à Administração (aos seus serviços jurídicos). Paradoxalmente, a subjectivação dos meios impugnatórios recomenda, por uma questão de equilíbrio e bom senso, ainda mais a presença do M.P. e não o contrário.

Só uma visão formalista e reverencial às aparências, inserida numa "cultura da ameaça", poderá justificar que o parecer do M.P. seja discutido contraditoriamente pelas partes. A perda da inocência do Ministério Público não passa por aí. Outra coisa seria a invocação de novos vícios. Um "Chanel 5" esteticamente correcto, aconselharia elegantemente outro discurso, mas... também não se trata de advogar uma *República de Procuradores*.

Não sendo assim, deixa-se escapar a tutela efectiva dos interesses públicos e, o terceiro interessado, para poder reagir judicialmente, tem de "fingir" que o acto silencioso se formou ilegitimamente. Com o gravíssimo inconveniente da Administração, a não ser que seja nulo (art. 134.º/2 do C.P.A.), poder ficar impedida de eliminar o acto fictício (arts. 140.º e 141.º do C.P.A.) [19]. Os bens do tubo digestivo (economia) não são tudo, como parecem ser, bastando olhar para a flagrância dos fenómenos de "abusivismo" urbanístico e urbanicídio das cidades.

Antes de concluir esta breve reflexão, gostaria de evidenciar que uma correcta arrumação dos pressupostos processuais, ajudaria a delimitar e a eliminar, no que concerne ao indeferimento tácito, a *poligamia* existente entre os vários meios processuais aqui envolvidos – recurso contencioso de anulação, acção para o reconhecimento de direitos (sobretudo de feição condenatória) e acção para determinação da prática de acto administrativo legalmente devido, que temo possa conduzir a algum confusionismo junto dos cidadãos e do próprio juiz administrativo.

Aqui, como noutros casos, talvez se devesse deixar ao juiz administrativo o poder de corrigir, em homenagem aos princípios *pro actione* e da tutela jurisdicional efectiva, o eventual erro desculpável ou atendível quanto à propriedade ou adequação do meio processual (ver, por exemplo, a alínea f) do n.º 3 do art. 37.º) – assim o exigiria uma justiça administrativa material.

---

[19] COLAÇO ANTUNES, *Para um Direito Administrativo de Garantia do Cidadão e da Administração..., op. cit.*, p.154. Veja-se ainda F. URBANO CALVÃO, *op. cit.*, p. 189 e ss, e VIEIRA DE ANDRADE, " A 'revisão' dos actos administrativos no direito português", in *Legislação (Cadernos de Ciência de Legislação)*, n.os 9/10, 1994, p. 196 e ss.

Propõe-se, em consonância, a *criação* de uma norma (geral) que permita ao juiz (ou ao relator) ordenar o meio processual adequado, em vez do proposto, desde que preenchido o pressuposto da tempestividade ou outros necessários [20], à semelhança do que sucede já com as providências cautelares não especificadas (art. 392.º/3 do C.P.C. e art. 1.º da L.P.T.A.).

5. Apesar de alguma generosidade na admissibilidade da *acção popular* (art. 23.º), talvez fosse de concretizar uma espécie de *recurso contencioso urgente,* acompanhado de *medidas cautelares também urgentes* (para lá do disposto no art. 18.º da Lei n.º 83/95, de 31 de Agosto, e nos arts. 16.º, 17.º e 19.º, que, todavia, nos parecem processualmente insuficientes), um pouco à semelhança do que acontece com o Decreto-Lei n.º 134/98, de 15 de Maio, relativamente aos actos administrativos pertinentes à formação de determinados contratos administrativos.

Como já adiantámos há algum tempo noutro estudo [21], seria mesmo desejável e talvez oportuno adop-

---

[20] Em sentido semelhante, a "Intervenção" do Senhor Conselheiro ROSENDO DIAS JOSÉ, na sessão de abertura da discussão pública da Reforma das Leis do Contencioso Administrativo, p. 11.

[21] COLAÇO ANTUNES, *O Procedimento Administrativo de Avaliação de Impacto Ambiental...*, op. cit., pp. 505 e ss, 729 e ss e 732.

Sobre o novo *référé* do direito administrativo francês, cfr. M. FOULETIER, "La loi du 30 juin 2000 relative au référé devant les juridictions administratives", in *R.F.D.A.,* n.º 5, 2000, esp. p. 966 e ss.

No que toca à Itália e à evolução da tutela cautelar (à luz dos últimos desenvolvimentos legislativos), cfr. R. DEPIERO, "Disposizioni generali sul processo cautelare", in *La giustizia amministrativa (Le nuove leggi amministrative, commenti a prima lettura),* coord., V. ITALIA, Milano, 2000, p. 32 e ss.

tar o sistema do *sursis à exécution automatique* (com um prazo peremptório e eventual sanção?) no contencioso dos direitos e liberdades fundamentais, no direito do urbanismo e no direito do ambiente, sempre que houvesse a ameaça de danos irreversíveis ou intoleráveis ou a ausência de formalidades (substantivamente) essenciais, como pode ser a inexistência material ou jurídica de um verdadeiro procedimento de avaliação de impacto ambiental (legalmente exigível). Nestes casos, a suspensão da eficácia impor-se-ia obrigatoriamente ao juiz, deixando de ser uma mera faculdade ou possibilidade, sem descurar a hipótese de uma *tutela preventiva* como o *vorbeugende Unterlassungsklage* ou o *vorbeugende Feststellungsklage,* como complemento da tutela provisória e urgente anteriormente referenciada. Estas soluções deveriam ainda ser acompanhadas de uma outra, relativa à especialização dos tribunais administrativos em função da matéria (urbanismo, ambiente, função pública).

Não estamos, porém, com aquelas teses mais "decotadas" que defendem a generalização do efeito suspensivo (automático) do recurso contencioso de anulação. Mesmo o direito alemão (esse "monstro fascinante"), frequentemente convocado para fundamentar estas teses, contempla uma pequena multidão de excepções (aspecto que normalmente é obscurecido), configurando, em bom rigor, um sistema de suspensão *quase-automático* dos actos administrativos [22].

---

[22] "Derrogações" à regra do efeito suspensivo, que a mais recente reforma do Código dos Tribunais Administrativos da Alemanha parece ter ampliado, limitando, inclusive, o efeito suspensivo do ponto de vista temporal (§ 80/b VwGO).
Em França, o novo Código de Justiça Administrativo mantém o efeito *não* suspensivo do recurso contencioso, sem deixar de alargar consideravelmente o campo de aplicação da suspensão da eficácia do

Em resumo, o *Drang nach Süden,* tão apreciado pelos poetas e juristas alemães, também passa pela recusa de certos deuses.

Em matéria ambiental, como o processo é antecedido de um *Massenverfahren* (procedimento de massas – art. 4.º e ss da Lei n.º 83/95, de 31 de Agosto), talvez fosse, atenta a natureza dos bens da vida em presença, de apontar também para um *processo de massas especial* [23], indo para além da timidez reflectida em vários dispositivos legais do AP. – C.P.T.A. (por exemplo, arts. 29.º/2, 32.º/2/3, 34.º, 35.º, 46.º e 47.º) e do disposto nos artigos 12.º e seguintes da Lei da acção popular administrativa (Lei n.º 83/95, de 31 de Agosto) [24].

Outra questão é a que se prende com a possibilidade excepcional, em caso de actos administrativos *legais* com efeitos justificativos e preclusivos (licenças antigas), de admitir (convocando para o efeito, por exemplo, o princípio da *confiança legítima,* de inspiração alemã, temperando desta forma o princípio da segurança jurídica) o exercício desta acção (para lá do caso decidido), face à manifesta ilegalidade material que entretanto assumiram os efeitos jurídicos do acto – em que não poucas vezes estamos perante um claríssimo abuso de direito (de

---

acto. Nos procedimentos cautelares, a abertura do legislador francês mostrou-se atenta à sensibilidade eco-garantística, deixando entender que o juiz pode agora decretar a suspensão (embora mantenha o carácter de excepção) *"par précaution, au moindre doute sérieux sur la legalité de l'acte",* M. FOULETIER, *op. cit.,* p. 969.

[23] Há muito que advogamos esta solução legislativa. Cfr. COLAÇO ANTUNES, "Para uma tutela jurisdicional dos interesses difusos", in *B.F.D.U.C.,* vol. LX, 1984, p. 25 e ss.

[24] No sentido proposto, SÉRVULO CORREIA, "O recurso contencioso no projecto da reforma: tópicos esparsos", in *Cadernos de Justiça Administrativa,* n.º 20, 2000, p. 16.

contornos criminosos) do beneficiário da autorização, acompanhado de uma ilegalmente inquietante inércia da Administração.

**6.** Afastando-me do tema que nos foi proposto (pressupostos processuais e algo mais), umas brevíssimas reflexões sobre o problema da formação cultural do juiz e das formas de autogoverno.

Antes de mais, a especialização é inevitável (as razões são óbvias), o que só por si impõe a alteração das regras de recrutamento dos juízes. Não é hoje possível ao juiz conhecer de todas as "doenças" jurídicas, como se de um clínico geral se tratasse. Mas não basta, é necessário também melhorar a cultura do juiz, devendo para o efeito fruir periodicamente de um ano sabático (com formação em centros interdisciplinares que poderiam ter a sua sede nas Universidades) [25].

Quanto às formas de autogoverno, parece-me que os Conselhos Superiores, nomeadamente o Conselho Superior dos Tribunais Administrativos e Fiscais, deveriam eliminar qualquer tipo de representação política (cuja permanência me parece uma manifestação pseudo-democrática da tradição pós-napoleónica). A sua composição deveria ser ditada apenas pelo mérito e pela idoneidade ética das pessoas, em representação qualificada e não corporativa da "sociedade civil" [26]. O que se passa

---

[25] Neste sentido, V. DENTI, "La cultura del giudice", in *Quad. cost.*, n.º 1, 1983, p. 45.

[26] Noutro plano, relativamente ao Tribunal Constitucional, há muito – desde 1983 – sustentamos esta tese. Cfr. COLAÇO ANTUNES, "Partidos e Jurisdição Constitucional na Constituição Portuguesa", in Separata da Revista *E. S.*, n.º 35, 1983, pp. 96 e 97, onde se defende, nomeadamente, um maior equilíbrio, aliás inexistente (na

actualmente é confrangedor, só compreensível quando "inexiste" uma literatura *gótica*, porque personagens temos.

Em suma, as magistraturas devem sair das lógicas do poder burocrático e do poder político, em que desgraçadamente parecem ter caído, para passarem a sentir a sua função como *legal profession,* que se legitima na lei, no mérito e numa refinada cultura jurídica e metajurídica.


7. Concluindo, no início do século XXI, o tempo dos homens parece pulverizar-se no tempo tecnológico, apagando as diferenças entre as horas do dia e as horas da noite – a *Belle de Nuit* é também a *Belle de Jour,* como anunciava sarcasticamente BUÑUEL.

Na sociedade tecnológica apagam-se as distâncias cortantes entre o presente, o passado e o futuro – o presente é simultaneamente passado e futuro. A profecia tecnológica anuncia-nos antecipadamente o devir, como é patente na revelação do genoma humano e na biologização do direito.

No campo do direito, isto revela-se de diferentes modos, nomeadamente na tensão entre tempo e temporalidade jurídica. Ao juiz que profere uma sentença não importa "apenas" o momento genético da lei, mas a transposição temporal do que foi, naquilo que é no momento da sua aplicação [27].

---

definição da sua composição), entre a Assembleia da República e o Presidente da República.

[27] V. FROSINI, "Temporalità e diritto", in *Riv. dir. civ.*, n.º 4, 1999, p. 434.

Questão que pode revelar-se da maior importância no contencioso administrativo, como é visível, por exemplo, na doutrina que tem vindo a configurar a execução dos julgados como um meio processual

Temporalidade entendida como um fluxo que decorre continuadamente, podendo ser até recorrente, em concordância com o "devir-ser" e que faz das figuras jurídicas não apenas aquilo que eram (no passado), mas também o que são agora. Isto é manifesto, por exemplo, no que se refere às categorias de direito subjectivo, interesse legalmente protegido e interesse legítimo ou mesmo no campo dos direitos fundamentais (veja-se a problemática dos interesses difusos), com todo o seu cortejo de refracções, nomeadamente ao nível da legitimidade e do interesse processual – nas acções e nos meios impugnatórios.

A relação que intercede entre o tempo, a temporalidade e o direito, revela-se ainda na *instantanização* da comunicação e dos efeitos jurídicos, esbatendo-se ou anulando-se mesmo as distâncias temporais e espaciais.

Se as coisas parecem ser assim, a lei deve conter uma mensagem para o futuro. No que toca à reforma do contencioso administrativo, qual deve ser ela? A do tempo do cidadão e da Administração? Ou a de um tempo do tubo digestivo cibernético? A consciência humana "habita" o tempo tecnológico, mas está também fora dele e para além dele, não nos esqueçamos. O tempo e a consciência jurídica não podem resumir-se ao tempo e à consciência tecnológica, marcados pelo *ter* e não pelo *ser,* tecnologia que marca o renascimento do direito privado.

Não podemos (pelo menos não devemos) aplicar uma pauta igualitária aos interesses e aos direitos, ressuscitando aquela famosa frase: *I'm good, you're good,* numa sublimação perversamente democrática do mercado da ignorância, na versão de *banalidade de base electrónica,* a "nova economia".

---

autónomo (especial). Assim, VIEIRA DE ANDRADE, *A Justiça Administrativa (Lições),* 3.ª ed., Coimbra, 2000, p. 163 e ss.

O Direito não tem que submeter-se ao senso comum, por mais que este revista as roupagens da excelência das fontes. O cidadão precisa da Administração, o *Leviathan* já não mora aí. Ou, para os mais sensíveis, recorde-se a fábula de ESOPO – a galinha dos ovos de ouro.

Nas mãos dos "subjectivistas", o espelho, que tanto havia fascinado STENDHAL, quebra-se e, o que é pior, só vemos reflectido *The Servant* (soberbo Dirk Bogarde), de JOSEPH LOSEY.

É isto que tem para lhes dizer alguém que, vivendo numa cidade que reza de dia e peca à noite, não reza assim tanto *amanhecentemente* nem peca por aí além *anoitecentemente*.

# CONCLUINDO. MAYER OU WERNER?

> "O pensamento deve ser o ponto de encontro de uma arqueologia das problematizações e de uma genealogia das práticas"
>
> M. FOUCAULT

O problema posto tem naturalmente a ver com as célebres teses de OTTO MAYER [1] – *o Direito Constitucional passa e o Direito Administrativo permanece* – e de FRITZ WERNER [2] – *o Direito Administrativo é o Direito Constitucional concretizado.*

Pois bem, ainda que a doutrina actual tenda a abandonar a tese de MAYER, que é preciso situar historicamente, a verdade é que ela continua válida, sobretudo entre nós.

Sem dúvida que a tese de WERNER é absolutamente pertinente e até indiscutível, mas é preciso ter em consideração (para além de influências históricas), que ela se

---

[1] O. MAYER, *Deutsches Verwaltungsrecht*, 1.º vol., Berlin, 1969.

[2] F. WERNER, "*Verwaltungsrecht als Konkretisiertes Verfassungsrecht*", in *DVBl*, 1959.

refere a um ordenamento jurídico preciso, onde pontifica, entre outros aspectos, uma noção jurídica forte de interesse público, em que se relativizam os vícios formais do acto em favor da Administração e onde se admite até a fundamentação póstuma do acto administrativo. Aspectos e questões que não encontram paralelo no nosso ordenamento jurídico-administrativo. Para além, obviamente, de *outra* cultura administrativa e jurisdicional.

Se é certo que o Direito Administrativo é ou deve ser o Direito Constitucional concretizado, não é menos verdadeiro que o Direito Constitucional tem ou deve ter as suas bases no Direito Administrativo e que as soluções vertidas na ordem jurídica de um país não são necessária e mecanicamente transpostas para outro.

Acresce um ponto de grande relevância. O Direito Constitucional é actualmente um Direito supranacionalmente condicionado e materialmente revisto em vários domínios, subvertendo-se o primado do político e dos direitos fundamentais em favor da hegemonia do económico. Hoje temos um Direito Constitucional escrito (a Constituição) e um Direito Constitucional não escrito que, dirigido pelo primado do direito comunitário, prevalece sobre o primeiro. A Constituição escrita é a Constituição política, enquanto a não escrita é a Constituição económica.

Já o Direito Administrativo tem os seus fundamentos próprios e até autónomos da ciência jurídica, ainda que a sua operatividade e desenvolvimento venham definidos pelo ordenamento jurídico-constitucional.

Ainda que deva ser historicamente relativizada a afirmação de OTTO MAYER, a verdade é que, pelo menos aparentemente, o referido critério encontra plena confirmação no nosso ordenamento constitucional, cuja infixidez tem sido intensa. Quando a natureza das coisas aconselharia a uma maior mobilidade e versatilidade do Direito

Administrativo, até pelas próprias características do ordenamento jurídico-administrativo, verifica-se precisamente o inverso.

O que OTTO MAYER terá querido dizer, e é isso que pode salvar o Direito Administrativo, é que a doutrina e a dogmática jurídico-administrativas se baseiam em teorias jurídicas fundamentalmente atemporais, em constante conflito e adaptação com o direito posto em cada momento histórico. Por outro lado, esta atemporalidade não tem sido tão permanente no Direito Constitucional, mais sensível a flutuações histórico-políticas [3].

O que me parece então mais sensato e plausível é sustentar, tendo presente os condicionalismos comunitários, a unidade, dentro do direito público, entre o Direito Constitucional e o Direito Administrativo. Para isso, o Direito Constitucional e, particularmente, a Lei Fundamental deve pôr os pés no chão, no chão do Direito Administrativo, numa dialéctica equilibrada entre o ser o dever-ser. Sem perda da sua autonomia, é claro. Este equilíbrio entre disciplinas de vizinhança é absolutamente necessário, especialmente em matéria de justiça administrativa.

O problema está em que o Direito Constitucional parece ter-se querido esquecer paulatinamente do interesse público, numa escalada mais *individualista* do que garantística que pode pôr em perigo a justa relação entre o interesse público e os direitos e interesses legalmente protegidos dos cidadãos. A verdade é que o Direito Constitucional, sobretudo através da "desbocada" revisão de 1997, sucumbindo ao fascínio do instante, procurou, num

---

[3] Sobre a problemática em análise, veja-se o recente contributo de J. R.-ARANA MUÑOZ, *Derecho Administrativo y Constitución*, Granada, 2000, p. 77 e ss.

golpe palaciano, subjugar o Direito Administrativo e a sua justiça. Mas é também indesmentível que o Direito Administrativo, enquanto direito do Poder, mas também dos direitos e liberdades fundamentais do cidadão, não pode, nunca, resumir-se a um mero apêndice reverencial do Direito Constitucional.

Se o Direito Constitucional enforma e "dirige" o Direito Administrativo, é indispensável compreender que o Direito Administrativo é também a base do Direito Constitucional.

Com efeito, há hoje uma crença quase metafísica na Constituição, quando é certo que, depois de SAVIGNY, não são as normas, mesmo que constitucionais, mas as instituições as verdadeiras unidades basilares da vida jurídica. E estas, quando públicas, não podem prescindir do seu direito elementar – o Direito Administrativo – e do seu escopo fundamental – o interesse público [4].

---

[4] Depois, há um outro problema, com reflexos particularmente graves na interpretação e aplicação do chamado direito administrativo especial (urbanismo e ambiente, por exemplo). Ao que MAURICE HAURIOU apelidava, no início do século passado, *la sage lenteur* da produção legislativa, substituiu-se uma *legislação motorizada* (CARL SCHMITT), a que ORTEGA chamava *legislação incontinente*, e nós temos designado por *overdose legislativa*. Neste contexto, cabe perguntar se o artigo 6.º do Código Civil ("A ignorância ou má interpretação da lei não justifica a falta do seu cumprimento nem isenta as pessoas das sanções nela estabelecidas") tem ainda sentido ou se ainda pode ser interpretado como até aqui.

A *utopia legislativa* de ROUSSEAU deu lugar ao que GARCÍA DE ENTERRÍA chama de *legislação desbocada (Justicia y Seguridad Jurídica en un Mundo de Leys Desbocadas,* Madrid, 1999, p. 47 e ss), numa clara alusão ao fenómeno antes referenciado e à má técnica legislativa. Daí a necessidade de regressar aos princípios jurídicos fundamentais, enquanto elementos estruturantes da interpretação e da aplicação do Direito.

Por último, parece-nos extremamente ingénuo que as teses subjectivistas [5] tentem desmontar o modelo objectivista de contencioso administrativo, partindo simultaneamente do que há de mais moderno e garantístico nas Constituções (mais recentes) e de mais antigo no Direito Administrativo – o velho recurso francês por "excesso de poder" [6].

Esquece-se, sabendo-se, que o modelo objectivista já não assenta no tal *processo ao acto,* porque este já não é, até por equívocos vários que tentámos assinalar, o acto unilateral, mas um acto que representa a composição de interesses públicos secundários e privados, em obséquio à melhor realização do interesse público primário. Não se pode esquecer também que já não estamos perante a Administração autoritária e unilateral, mas perante uma Administração prestadora e constitutiva e que o cidadão exige crescentemente que assim seja.

O que é manifestamente relevante na actividade administrativa, mesmo que discricionária, é, como ensina GIANNINI, *a centralidade do interesse público e não o aspecto autoritário do poder.* Por outras palavras, a actividade administrativa não é função enquanto exercício de poder, mas na medida em que é dirigida à realização (proporcionalística) do interesse público.

---

[5] Sem dúvida que esta doutrina exerce um grande fascínio, mas há um ponto que merece reflexão. Tenho observado que, em países que nos são cultural e juridicamente próximos, a divisão da doutrina entre as duas teses passa também pela distinção entre juristas teóricos e juristas práticos.

[6] Assim, surpreendentemente, GARCÍA DE ENTERRÍA, *Problemas del Derecho Público al Comienzo de Siglo,* Madrid, 2001, p. 65 e ss.

Olvida-se, assim, o papel do procedimento administrativo na feitura final do acto e dos princípios jurídicos fundamentais em toda a actuação da Administração, *maxime* na actividade discricionária, com reflexos no próprio entendimento objectivo do vício de desvio de poder.

Ignora-se, ainda, que a Administração é cada vez menos Poder, face aos poderes privados, numa espiral de privatização do interesse público e da própria actuação da Administração.

Por fim, uma Constituição decapitada materialmente do Estado (União Europeia) permite a multiplicação de entes públicos, semi-públicos ou mesmo privados, como instrumentos de destruição do Estado.

O que resta então à Administração e ao seu Direito após o desaparecimento do Estado?

Perante tanto esquecimento do que é público, apetece colocar o Direito Administrativo e, particularmente, a sua Justiça, no divã de FREUD, e tentar perceber o porquê desta descerebragem.

De todo o modo, *é o mistério que nos faz viver*, sabendo, todavia, que existe uma alternativa temporal fundamental.

"Il faut se donner *l'alternative* temporelle qui s'analyse par ces deux constatations: ou bien en cet instant, il ne se passe rien, ou bien en cet instant se passe quelque chose. Le temps est alors continu comme possibilité, comme néant. Il est discontinu comme être. Autrement dit, nous partons d'une dualité temporelle, non d'une unité" [7].

Com sincera saudade pelo homem e pelo jurista, ao relermos GIANNINI, não podemos deixar de concluir que a

---

[7] G. BACHELARD, *La Dialectique de la Durée,* Paris, 1950, p. 25.

evolução do Direito Administrativo é (foi) possível, mas, depois *Dele*, tal como na arte, *dificilmente* haverá uma catarse qualitativa. Quem será capaz de superar VERDI ou CARAVAGGIO? "Nessuno".

Por este caminhar de *passos tácitos* feito, como dizia MIGUEL DE CERVANTES, não creio que as bibliotecas do futuro reservem grande espaço aos livros de Direito Administrativo.

Faltam os *passos épicos*.

## ALGUMAS ABREVIATURAS

| | |
|---|---|
| A.P.-C.P.T.A. | Anteprojecto de Código de Processo nos Tribunais Administrativos |
| C.A. | Código Administrativo |
| C.E.D.H. | Convenção Europeia para a Salvaguarda dos Direitos do Homem e das Liberdades Fundamentais |
| C.P.A. | Código do Procedimento Administrativo |
| C.P.C. | Código de Processo Civil |
| C.R.P. | Constituição da República Portuguesa |
| D.R. | Diário da República |
| L.P.T.A. | Lei de Processo nos Tribunais Administrativos |
| M.P. | Ministério Público |
| R.S.T.A. | Regulamento do Supremo Tribunal Administrativo |
| S.T.A. | Supremo Tribunal Administrativo |
| T.C. | Tribunal Constitucional |
| T.C.A. | Tribunal Central Administrativo |
| T.E.D.H. | Tribunal Europeu dos Direitos do Homem |
| T.J. | Tribunal de Justiça |
| T.U.E. | Tratado da União Europeia |
| U.E. | União Europeia |
| VwGO | Verwaltungsgerichtsordnung |
| VwVfG | Vewaltungsverfahrensgesetz |

# BIBLIOGRAFIA

AFONSO QUEIRÓ, *O Poder Discricionário da Administração*, Coimbra, 1944

ALESSI, R., *Intorno ai concetti di causa giuridica, illegittimità, eccesso di potere*, Milano, 1934

AMADO GOMES, C., "A evolução do conceito de soberania (tendências recentes)", in *Scientia Iuridica*, n.$^{os}$ 274/276, 1998

AMATO, G., "Autorità semi-indipendenti ed autorità di garanzia", in *Riv. trim. dir. pubbl*, 1997

ARANA MUÑOZ, J. R., *Derecho Administrativo y Constitución*, Granada, 2000

AUTIN, J.-L., "Réflexions sur la notion de puissance publique", in *St. par. pol. cost.*, n.$^{os}$ 117/118, 1997

BACHELARD, G., *La Dialectique de la Durée*, Paris, 1950

BARTOLI, CANNADA, "Interesse", in *Enc. del Dir.*, XXII, Milano, 1972

BASSI, F., "Litisconsorzio necessario e processo amministrativo", in *Dir. proc. amm.*, n.º 2, 1987

BASSI, F., "Brevi note sulla nozione di interesse pubblico", in *Studi in onore di Feliciano Benvenuti*, vol. I, Modena, 1996

BENVENUTI, F., *L'istruzione nel processo amministrativo*, Padova, 1953

BERTI, G., "Il rapporto amministrativo nella costruzione giuridica dello Stato", in *Scritti in onore di C. Mortati*, Milano, 1977

BIGOT, G., *Le Conseil d'État, Juge Gouvernemental. Le Prince, le Peuple et le Droit*, Paris, 2000

BLANCO DE MORAIS, C., "Las autoridades administrativas independientes en el orden constitucional portugues", in *Doc. Adm.*, n.os 257-258, n.º especial (Tendencias actuales del derecho administrativo en Portugal), 2000

BREYER / STEWART, *Administrative Law and Regulatory Practice*, Boston, 1992

BRIGNOLA, F., "Cointeressati e controinteressati al processo amministrativo", in *Studi per il centocinquantenario del Consiglio di Stato*, Roma, 1981

CALAMANDREI, P., "Il processo come giuoco", in *Riv. dir. proc.*, 1950

CAPPELLETTI, M., *Procédure Orale et Procédure Écrite*, Milano, 1971

CARNEVALI, G., *Nazionalismo o federalismo? Dilemmi di fine secolo*, Torino, 1996

CARRÉ DE MALBERG, *Contribution à la Théorie Générale de l'État*, Tomos I e II, Paris, 1922

CASETTA, E., "Attività e atto amministrativo", in *Riv. trim. dir. pubbl.*, 1957

CHAPUS, RENÉ, *Droit Administratif Général*, t. I, 13.ª ed., Paris, 1999

CHAPUS, RENÉ, "Lecture du code de justice amministrative", in *R.F.D.A.*, n.º 5, 2000

CHEVALLIER, J., *Variations Autour de l'Idéologie de l'Intérêt Général*, Paris, 1978

CHEVALLIER, J., "Réflexions sur l'institution des autorités administratives indépendantes", in *Sem. Jur.*, 1986

CLARICH, M., *Termine del procedimento e potere amministrativo*, Torino, 1995

COLAÇO ANTUNES, *Partidos e Jurisdição Constitucional na Constituição Portuguesa*, in Separata da Revista *E. S.*, n.º 35, 1983

COLAÇO ANTUNES, "Para uma tutela jurisdicional dos interesses difusos", in *B.F.D.U.C.*, vol. LX, 1984

COLAÇO ANTUNES, *A Tutela dos Interesses Difusos em Direito Administrativo (Para uma Legitimação Procedimental)*, Coimbra, 1989

COLAÇO ANTUNES, "Metaestabilidade e procedimento administrativo: o procedimento administrativo como forma de soberania popular", in *Est. Dir.*, n.º 11, 1993

COLAÇO ANTUNES, "À margem de uma recente orientação do Supremo Tribunal Administrativo: um olhar ecológico sobre o artigo 268.º/4 da Constituição", in *Rev. Min. Públ.*, n.º 63, 1995

COLAÇO ANTUNES, "A fragmentação do direito administrativo: do mito da caverna à utopia da vivenda", in *Rev. Jur. Urb. Amb.*, n.ºs 5/6, 1996

COLAÇO ANTUNES, *O Procedimento Administrativo de Avaliação de Impacto Ambiental (Para uma Tutela Preventiva do Ambiente)*, Coimbra, 1998

COLAÇO ANTUNES, *Para um Direito Administrativo de Garantia do Cidadão e da Administração (Tradição e Reforma)*, Coimbra, 2000

COLAÇO ANTUNES, "Hacia un contencioso administrativo de garantía del ciudadano y de la Administración", in *Doc. Adm.*, n.ºs 257-258, 2000

CORSO, A. MARIA, *Atto amministrativo presupposto e ricorso giurisdizionale*, Padova, 1990

DAVIS, K. C. / PIERCE, R. J., *Administrative Law Treatise*, Boston, New York, Toronto, London, 1994

DE LA MORENA, L. DE LA MORENA Y, "Derecho administrativo e interés público: correlaciones básicas", in *Rev. Adm. Públ.*, n.ºs 100-102, 1983

DENTI, V., "La cultura del giudice", in *Quad. cost.*, n.º 1, 1983

DEPIERO, R., "Disposizioni generali sul processo cautelare", in *La giustizia amministrativa (Le nuove leggi amministrative, commenti a prima lettura)*, coord., V. ITALIA, Milano, 2000

DREIER, H., *Hierarchische Verwaltung im demokratischen. Genese, aktuelle Bedeutung und funktionelle Grenzen eines Bauprinzips der Exekutive*, Tübingen, 1991

DUPRONT, A., *Les Lettres, la Religion et les Arts dans la Societé Française de la Deuxième Moitié du XVIII Siècle*, Paris, 1965

ELIAS, N., *Über den Prozess der Zivilisation. Soziogenetische und psychogenetische Untersuchungen*, Bern, 1969

FABBRINI, E., "Litisconsorzio", in *Enc. dir.*, vol. XXIV, Milano, 1974

FERREIRA PINTO / FONSECA, GUILHERME DA, *Direito Processual Administrativo. Contencioso (Recurso Contencioso, Breves Noções)*, 2.ª ed., Porto, 1992

FLEURY, CLAUDE, *Dialogues de Claude Fleury sur l'Éloquence Judiciaire (1664)*, ed. de F. Gaquère, Paris, 1925

FORTI, U., "I motivi e la 'causa' negli atti amministrativi", in *Foro it.*, III, 1932

FOULETIER, M., "La loi du 30 juin 2000 relative au référé devant les juridictions administratives", in *R.F.D.A.*, n.º 5, 2000

FOX, WILLIAM, *Understanding Administrative Law*, New York, 1992

FRANCHINI, C., "Le autorità amministrative indipendenti", in *Riv. trim. dir. pubbl.*, 1988

FREITAS DO AMARAL, *Direito Administrativo*, vol. III, Lisboa, 1989

FREITAS DO AMARAL, *Curso de Direito Administrativo*, vol. I, 2.ª ed., Coimbra, 1996

FRIEDRICH, C. J., *The Public Interest*, New York, 1962

FRISON-ROCHE, "La philosophie du procès, propos introductifs", in *Arch. Phil. Droit*, t. 39, 1995

FROSINI, V., "Temporalità e diritto", in *Riv. dir. civ.*, n.º 4, 1999

GARCÍA DE ENTERRÍA, *Justicia y Seguridad Jurídica en un Mundo de Leys Desbocadas*, Madrid, 1999

GARCÍA DE ENTERRÍA, "La administración pública y la ley", in *Rev. Esp. Der. Adm.*, n.º 108, 2000

GARCÍA DE ENTERRÍA, *Problemas del Derecho Público al Comienzo de Siglo*, Madrid, 2001

GAZIER, F. / CANNAC, Y., "Étude sur les autorités administratives indépendantes", in *Sem. Jur.*, 1986, n.ᵒˢ 30-32

GIANNINI, M. S., *Il potere discrezionale della pubblica amministrazione. Concetto e problemi*, Milano, 1939

GIANNINI, M. S., *L'interpretazione dell'atto amministrativo e la teoria giuridica generale dell'interpretazione*, Milano, 1939

GIANNINI, M. S., *Lezioni di diritto amministrativo*, vol. I, Milano, 1950

GIANNINI, M. S., *La giustizia amministrativa*, Roma, 1962

GIANNINI, M. S., "Controllo: nozione e problemi", in *Riv. trim. dir. pubbl.*, 1974

GIANNINI, M. S., *Istituzioni di diritto amministrativo*, Milano, 1981

GIANNINI, M. S., "La scienza giuridica e i problemi dello stato", in *Nuovi moti per la formazione dell diritto*, Padova, 1988

GIANNINI, M. S., *Diritto amministrativo*, vol. II, 3.ª ed., Milano, 1993

GIANNINI, M. S., *Diritto amministrativo*, vol. I, 3.ª ed., Milano, 1993

GIERKE, O. VON, *Giovanni Althusius e lo sviluppo storico delle teorie politiche giusnaturalistiche*, Torino, 1974

GOMES CANOTILHO, *Constituição Dirigente e Vinculação do Legislador (Contributo para a compreensão das normas constitucionais programáticas)*, Coimbra, 1982

GOMES CANOTILHO, *Fidelidade à República ou Fidelidade à Nato? (O problema das credenciações e o poder discricionário da Administração Militar)*, Separata do n.º especial do *B.F.D.U.C. – Estudos em Homenagem ao Prof. Doutor Afonso Rodrigues Queiró*, Coimbra, 1987

GOMES CANOTILHO, *Direito Constitucional e Teoria da Constituição*, 3.ª ed., Coimbra, 1999

GONZÁLEZ-VARAS, S., *Comentarios a la Ley de la Jurisdicción Contencioso-administrativa*, Madrid, 2000

GORDILLO, A., *La Administración Paralela*, Madrid, 1982

GREISCH, J., *Ontologie et Temporalité. Esquisse d'une Interprétation Intégrale de Sein und Zeit*, Paris, 1994

GUÉDON, M.-J., *Les Aurorités Administratives Indépendantes*, Paris, 1991

GUICCIARDI, E., "Sulla nozione di controinteressato", in *Giur. it.*, III, 1948

GUICCIARDI, E., "Interesse personale, diretto e attuale", in *Giur. it.*, III, 1961

HÄBERLE, P., "Gemeinwohljudikatur und Bundesverfassungsgericht", in *Arch. öff. Rechts*, 1970

HÄBERLE, P., *Öffentliches Interesse als Juristisches Problem*, Bad Homburg, 1970

HABERMAS, J., *Theorie des Kommunikativen Handelns*, vol. II, Frankfurt a. M., 1981

HAURIOU, M., *Principios de Derecho Publico y Constitucional*, 2.ª ed., Madrid, 1927

HAURIOU, M., *Précis Élémentaire de Droit Administratif*, 5.ª ed., Paris, 1943

HERRERO, M., *Límites Constitucionales de las Administraciones Independientes*, Madrid, 2000

HOBBES, T., *De cive*, Roma, 1979

IACCARINO, C. M., *Studi sulla motivazione (con speciale riguardo agli atti amministrativi)*, Roma, 1933

ITALIA, V. / BASSANI, M., *Codice della guistizia amministrativa*, Milano, 2000

JELLINEK, GEORG, *Teoria General del Estado*, Buenos Aires, 1954

KATZEN, S., "Independent Agencies, Independent from Whom?, in *Adm. Law Rev.*, 1989

KELSEN, H., *Il problema della sovranità*, Milano, 1989

KOCH, H. J., "Die normtheoretische Basis der Abwägung", in *Abwägung im Recht: Symposium und Verabschiedung von Werner Hoppe*, Köln, Berlin, Bonn, München, 1996

LA GROTTERIA, CARACCIOLO, "Parti e contraddittorio nel processo amministrativo", in *Scritti in onore di Pietro Virga,* Tomo I, Milano, 1994

LA SPINA, A. / MAJONE, G., *Lo stato regolatore,* Bologna, 2000

LARENZ, K., *Storia del metodo nella scienza giuridica,* Milano, 1966

LEFCOURT, F., *Law Against the People,* New York, 1971

LEISNER, WALTER, "Legal Protection against the State in the Federal Republic of Germany", in LEISNER / PIRAS / STIPO, *Administrative Law. The Problem of Justice,* vol. III, Milano, 1997

LEISNER, WALTER, *Der Abwägungsstaat: Verhältnismäßigkeit als Gerechtigkeit,* Berlin, 1997

LÉVY-BRUHL, *La Preuve Judiciaire. Étude de Sociologie Juridique,* Paris, 1964

MANUEL DE ANDRADE, *Noções Elementares de Processo Civil,* Coimbra, 1976

MARCELLO CAETANO, *Manual de Direito Administrativo,* vol. I, 10.ª ed., Coimbra, 1980

MARKUS, J.-P., "Sursis à exécution et intérêt général", in *A.J.D.A.,* n.º 4, 1996

MARTENS, J., "Streitgenossenschaft und Beiladung", in *Verwaltungsarchiv,* 1969

MARTIN, R., "Faut-il supprimer le ministère public?", in *Rev. trim. dr. civ.,* n.º 4, 1998

MARZUOLI, C., *Potere amministrativo e valutazioni tecniche,* Milano, 1985

MASSERA, A., "Autonomia e indipendenza nell'amministrazione dello Stato", in *Scritti in onore di M. S. Giannini,* vol. III, Milano, 1988

MASSERA, A., "La crisi del sistema ministeriale e lo sviluppo degli enti pubblici e delle autorità amministrative indipendenti", in S. CASSESE / C. FRANCHINI (coords), *L'amministrazione pubblica italiana,* Bologna, 1994

MAYER, O., *Deutsches Verwaltungsrecht*, 1.° vol., Berlin, 1969

MEINECKE, F., *L'idea della ragione di stato nella storia moderna*, Firenze, 1977

MERUSI, F., "Il contraddittorio nel processo amministrativo", in *Dir. proc. amm.*, 1985

MIGLIORINI, L., "Alcune considerazioni per un'analisi degli interessi pubblici", in *Riv. trim. dir. pubbl.*, 1968

MORTATI, C., *La volontà e la causa nell'atto amministrativo e nella legge*, Roma, 1935

NIGRO, M., "Problemi veri e falsi della giustizia amministrativa dopo la legge sui tribunali regionali", in *Riv. trim. dir. pubbl.*, 1972

NIGRO, M., *La riforma del processo amministrativo*, Milano, 1980

NOZICK, R., *Anarchy, State and Utopia*, New York, 1974

ORLANDO DE CARVALHO, *Escritos – Páginas de Intervenção*, I (Notas & Nótulas de Literatura e Arte, 1946-1998), Coimbra, 1998

ORTEGA Y GASSET, "El hombre a la defensiva", in *Obras Completas*, t. II, Madrid, 1963

OTERO, P., *O Poder de Substituição em Direito Administrativo: Enquadramento Dogmático-Constitucional*, vol. II, Lisboa, 1995

PARISIO, V., *I silenzi della pubblica amministrazione (La rinuncia alla garanzia dell'atto scritto)*, Milano, 1996

PAZIENZA, V., "Controinteressati 'non diretti' ed (effettiva) tutela giurisdizionale: una 'sentenza di sbarramento' del Consiglio di Stato", in *Foro amm.*, 1990

PERICU, G., "Brevi riflessioni sul ruolo istituzionale delle autorità amministrative indipendenti", in *Dir. amm.*, n.° 4, 1995

PIZZORUSSO, A., "Interesse pubblico e interessi pubblici", in *Riv. trim. dir. proc. civ.*, 1972

PUGLIESE, F., "Le ragioni del controinteressato nell'evoluzione della tutela cautelare", in *Dir. proc. amm.*, n.° 3, 1988

RASEHORN, T., *Recht und Klassen. Zur Klassenjustiz in der Bundesrepublik*, Darmstadt, 1974

REBELO DE SOUSA, M., *Lições de Direito Administrativo*, vol. I, Lisboa, 1994/5

RIALS, S., *Le Juge Administratif Français et la Technique du Standard (Essai sur le traitement juridictionnel de l'idée de normalité)*, Paris, 1980

ROGÉRIO SOARES, *Interesse Público, Legalidade e Mérito*, Coimbra, 1955

ROGÉRIO SOARES, *Direito Público e Sociedade Técnica*, Coimbra, 1969

ROGÉRIO SOARES, *Direito Administrativo*, Coimbra, 1978

ROMANO, A., "Tutela cautelare nel processo amministrativo e giurisdizione di merito", in *Foro it.*, I, 1985

ROSE-ACKERMAN, *Rethinking the Progressive Agenda: the Reform of the American Regulatory State*, New York, 1992

ROUSSEAU, J. J., *Le Contrat Social*, Paris, 1953

RUI MEDEIROS, "Estrutura e âmbito da acção para o reconhecimento de um direito ou interesse legalmente protegido", in *R.D.E.S.*, Ano XXXI, n.os 1/2, 1989

RYFFEL, H., "Öffentliche Interessen und Gemeinwohl", in *Wohl der Allgemeinheit und öffentliche Interessen*, Berlin, 1968

SÁINZ MORENO, F., "Reducción de la discrecionalidad: el interés público como concepto jurídico", in *Rev. Esp. Der. Adm.*, n.º 8, 1976

SANDULLI, A. M., *Il giudizio davanti al Consiglio di Stato e ai giudici sottordinati*, Napoli, 1963

SANDULLI, A. M., *Manuale di diritto amministrativo*, Napoli, 1989

SATTA, F., *Giustizia amministrativa*, Padova, 1986

SCHENKE, W.-R., *Verwaltungsprozeßrecht*, 6.ª ed., Heidelberg, 1998

SCHMIDT-AßMANN, *Das allgemeine Verwaltungsrecht als ordnungsidee*, Berlin, München, Heidelberg, 1998

SCHOCH, F./SCHMIDT-Aßmann/PIETZNER, R., *Verwaltungsgerichtsordnung,* München, 1998

SCHUBERT, E., *The Public Interest,* Glencoe, 1960

SCOCA, F. G., "La discrezionalità nel pensiero di Giannini e nella dottrina successiva", in *Riv. trim. dir. pubbl.,* n.º 4, 2000

SÉRVULO CORREIA, *Legalidade Administrativa e Autonomia Contratual nos Contratos Administrativos,* Coimbra, 1987

SÉRVULO CORREIA, "Impugnação de actos administrativos", in *Cadernos de Justiça Administrativa,* n.º 16, 1999

SÉRVULO CORREIA, "O recurso contencioso no projecto da reforma: tópicos esparsos", in *Cadernos de Justiça Administrativa,* n.º 20, 2000

SPANTIGATI, F., "L'interesse pubblico di fronte al giudice in un processo di parti", in *Giur. it.,* IV, 1989

SPASIANO, M. R., "Interesse pubblico – interesse privato: la crise della 'grande dicotomia'", in *Leg. giust.,* n.º 4, 1995

STICCHI DAMIANI, *Le parti necessarie nel processo amministrativo,* Milano, 1988

TEISSIER-ENSMINGER, A., *La Beauté du Droit,* Paris, 1999

THÉRON, M. H., "De l'intérêt collectif...", in *A.J.D.A.,* n.º 2, 1986

TRUCHET, D., *Les Fonctions de la Notion d'Intérêt Général dans la Jurisprudence du Conseil d'État,* Paris, 1977

ULE, C. H., *Verwaltungsprozeßrecht,* 9.ª ed., München, 1987

URBANO CALVÃO, F., *Os Actos Precários e os Actos Provisórios no Direito Administrativo,* Porto, 1998

VEDEL, G. / DEVOLVÉ, P., *Droit Administratif,* I, Paris, 1992

VIEIRA DE ANDRADE, "Interesse público", in *Dic. Jur. Adm. Públ.,* vol. V, Lisboa, 1993

VIEIRA DE ANDRADE, "A 'revisão' dos actos administrativos no direito português", in *Legislação (Cadernos de Ciência de Legislação),* n.ᵒˢ 9/10, 1994

VIEIRA DE ANDRADE, A *Justiça Administrativa (Lições)*, 3.ª ed., Coimbra, 2000

VIGORITA, S., "Principio individualistico nel processo amministrativo e difesa dell'interesse pubblico", in *Riv. trim. dir. proc. civ.*, 1962

VIRGA, G., *Attività istruttoria primaria e processo amministrativo*, Milano, 1991

VIRGA, P., *La tutela giurisdizionale nei confronti della pubblica Amministrazione*, Milano, 1985

VITAL MOREIRA, *Administração Autónoma e Associações Públicas*, Coimbra, 1997

WERNER, F., "Verwaltungsrecht als Konkretisiertes Verfassungsrecht", in *DVBl*, 1959

WOEHRLING, J.-M., "Le contrôle juridictionnel du pouvoir discrétionnaire en France", in *Potere discrezionale e controllo giudiziario*, coord. V. PARISIO, Milano, 1998

# ÍNDICE

| | |
|---|---|
| ADVERTÊNCIA | 9 |
| O ESQUECIMENTO DO INTERESSE PÚBLICO NO DIREITO ADMINISTRATIVO | 11 |
| ESBOÇO DE UMA TEORIA DAS PARTES NO PROCESSO ADMINISTRATIVO | 69 |
| A REFORMA DO CONTENCIOSO ADMINISTRATIVO *O ÚLTIMO ANO EM MARIENBAD* | 97 |
| CONCLUINDO. MAYER OU WERNER? | 123 |
| ABREVIATURAS | 131 |
| BIBLIOGRAFIA | 133 |